> Humpty Dumpty sat on a wall.

スーパーヒーロー・マザーグース・ギリシャ神話

映画で学ぶ英語の世界

酒井志延・小林めぐみ・鳥山淳子・土屋佳雅里(著)

はじめに

　英語の文化背景を知るには、映画がおすすめです。なんてったって、映像を見れば一目瞭然。映画は生きた教材の宝庫なのです。

　本書では、ヒーローと悪役、マザーグース、ギリシャ神話という3つの切り口から、英語の文化背景に迫ります。映画のヒーローの活躍にワクワクし、悪役(ヴィラン)との対決にハラハラしながら、英語の背景知識を身につけましょう。

　まずは、映画のヒーローと悪役から。アメコミ映画には、必ずと言っていいほど、ヒーローが登場します。スパイダーマン、バットマン、スーパーマン、ワンダーウーマン、アイアンマン、ハルク、X -MEN、キャプテン・アメリカ、マイティー・ソー、ウルヴァリン…。彼らは皆、アメコミ映画のスーパーヒーローたちです。そして光り輝くスーパーヒーローの陰には、必ず悪役(ヴィラン)がいます。暗黒面に落ちたダース・ベイダーがルーク・スカイウォーカーやハン・ソロの活躍を際だたせたように、悪役の存在が映画を魅力的なものにしているのです。ディズニー映画も、アラジンvsジャファー、白雪姫vs継母、眠り姫vsマレフィセント…と悪役キャラの存在が大きければ大きいほど主人公を応援したくなりますよね。

　お次は、マザーグース。映画の中でもたくさん引用されているのですが、私たちにはなかなかピンときません。日本語の堪能な外国人でも「浦島太郎状態」と聞いてピンとくる人が少ないのと一緒です。本書では、そういった「よく引用されるけれども、元ネタを知らなかったら意味がわからないマザーグース」を、映画の用例と共にご紹介します。ハンプティ・ダンプティ、トゥイードゥルダムとトゥイードゥルディーなどのキャラと一緒に、映画で頻繁に引用される「マザーグースの世界」を散歩してみましょう。ネット上でトランプ大統領がHumpty Trumptyと呼ばれている理由もきっとわかることでしょう。

　三つ目は、ギリシャ神話。ここで、皆さんに問題です。ドラクエ(ドラゴンクエスト)、モンスト(モンスターストライク)、パズドラ(パズル&ドラゴンズ)、FF(ファイナルファンタジー)、Fateシリーズ (Fate/stay night, Fate/

Grand Order）の共通点は何でしょうか。ゲーム？　はい、そのとおり。世界中で大人気のゲームなのですが、これらのゲームには共通して登場するキャラがあります。ゼウス、ヘラ、ハデス、ヘラクレス、メドゥーサ、メディアといった「ギリシャ神話の神々や英雄たち」です。彼らこそ、「究極のパワーを持ったスーパーヒーローと悪役」と言っていいでしょう。本書を読めば、なぜ、パズドラのパンドラやヘラが闇属性で、ヘルメスが水属性、アポロンが光属性なのかが理解できるでしょう。イージスの盾、アポロンのハープ、アルテミスの弓矢といったＦＦ（ファイナルファンタジー）の装備品の理由や、エルメスの靴、金のリンゴ、バッカスの酒といったアイテムの意味も自ずと理解できるでしょう。

　各 Chapter には、それぞれ赤・青・紫のテーマカラーを設けました。Chapter 1「映画のヒーローと悪役」は、「アメリカ」や「アメコミ」を表わす「赤」、Chapter 2「マザーグース」は、伝承童謡の可愛らしいイメージからピンク系の「紫」、Chapter 3「ギリシャ神話と映画」は、ギリシャ国旗とエーゲ海のイメージから「青」にしました。

　「英米文化の背景知識」というと、ちょっと難しく感じてしまうかもしれませんが、本書ではカラー図版を数多く紹介しています。「映画のヒーローと悪役」や「マザーグース」では映画のジャケットや図版、「ギリシャ神話」ではゴヤにボッティチェッリ、レンブラントなど名画の数々、そして様々な切手をオールカラーでお届けします。ギリシャ神話の複雑なストーリーも、変化に富んだカラー図版で記憶に残りやすくなる仕掛けです。ギリシャ神話の超ややこしい神々の関係性は、要所要所でシンプルに図示しました。

　本書で紹介する映画は 70 本以上。きっとこの中に、皆さんが見たことのある映画があるはずです。皆さんおなじみの映画を通して、英語の背景を支える広大な世界へとご案内します。「不思議の国のアリス」「くまのプーさん」「ピーターラビット」「ミニオン」「パワーパフガールズ」も登場します。映画が好きな人、アメコミが好きな人、ゲームが好きな人、可愛いキャラが好きな人、それぞれの興味に応じて、気になったページから読んでみてください。英米文化のバックグラウンドを知ると、きっと英語が楽しくなることでしょう。

2019 年 5 月　鳥山淳子

目　次

Chapter 1　映画のヒーローと悪役　1　　　　　　　　　小林めぐみ

1. スーパーヒーローたち　2

二面性　2
 Reference: Alter ego　3
コスチューム　4
 Reference: Costume　4
孤児　5
生き残るヒーロー　6
 Reference: Die Hard　7
苦悩するスーパーヒーロー　8
 Reference: With great power comes great responsibility　10
 Reference: Gift　10
 Reference: Badge　11
協力するスーパーヒーロー　12
 Reference: Avenger　13
対立するスーパーヒーロー　14
 Reference: Collateral damage　15
リニューアルされるスーパーヒーロー　16
 Reference: Trilogy　18
 Reference: Prequel, Sequel　18

2. その他のヒーロー　19

アメリカン・フィルム・インスティテュート選出のヒーローたち　19
アティカス・フィンチ　20
 Reference: Jury　21

3. 華やかな悪役たち　23

スーパーヒーローの敵たち　23
 Reference: Villain　24
悪役の特徴および偏見　26
◆ AFI's 100 Years...100 Heroes & Villains
（ヒーローベスト10・悪役ベスト10）　28
アメリカン・フィルム・インスティテュート選出の悪役たち　30

  善と悪の葛藤　31
  悪役としての機械　32
  主役としての悪役—悪役の再解釈　33
   Reference: Curse　34
   Reference: True love　35
   Reference: Legend　36
   Reference: Scorpius　37
   Reference: Fighting fire with fire　38
  日本のヒーローとの比較　39

Chapter 2　マザーグース　43
鳥山淳子

1. Humpty Dumpty　45
  丸まるとした人をつい「ハンプティ」と呼んでしまう　45
  ハンプティで「非常に危ない状態」を説明　47
  どうやっても元に戻せない　48

2. Tweedledum and Tweedledee　50
  詩とマザーグース、どっちが先？　51
  鏡の国のダムとディー　51
  ジョニー・デップ主演の『アリス』でも…　53
  姿かたちが似ていなくても…　53
  トランプとヒラリーは、どっちもどっち？　54

3. Hush-a-Bye, Baby　56
  木の上に赤ちゃん？　57
  赤ちゃんに歌ってあげる唄　57
  「風」が指すものは？　59
  「枝」が指すものは？　60
  「ゆりかご」が指すものは？　60

4. Rub-a-Dub-Dub　61
  桶の中の三人男　62
  お風呂でゴシゴシこするときに歌う唄　62
  「肉屋とパン屋」で何を表わす？　63

5. Ring-a-Ring o'Roses　65
  唄に隠された悲惨な過去　66
  輪遊び唄で運命を暗示　67
  輪遊び唄みたいに、ぐるぐると堂々めぐり　68

6. **What are Little Boys Made of?** 71
   男の子、女の子 72
   パワーパフガールズ 73

7. **Eeny, Meeny, Miny, Mo** 75
   誰にしようかな(鬼決め) 75
   銃を構えて「誰にしようかな」 76
   どれにしようかな(物選び) 77

8. **Who Killed Cock Robin?** 79
   イギリスで愛されるコック・ロビン 80
   誰が○○を殺したのか？ 81
   誰がしっぽを見つけたの？ 82
   映画や新聞のタイトルにも 83

9. **This is the House That Jack Built** 84
   どんどん増えていく積み重ね唄 86
   「ベーブ・ルースが建てた家」 86
   「ジャックが建てた家みたい」ってどういうこと？ 87

10. **The Twelve Days of Christmas** 88
    どんどん増えていくクリスマスプレゼント 90
    「クリスマスの12日」っていつ？ 90
    最後に「梨の木にヤマウズラ」 91

   コラム 『バットマン』の中のマザーグース 93

Chapter 3　ギリシャ神話と映画　95

酒井志延・土屋佳雅里

世界の始まり　96
ガイア、タルタロス、エレボス、ニュクス、アイテール、ヘーメラー、ウラノス、ポンタス

タイタン(ティタン)12神　99
タイタン、オケアノス、テテュス、ヒュペリオン、ヘリオス、セレナ、エオス、ギガンテス、テミス、クロノス

ゼウスの誕生　102
ゴルゴン三姉妹、メドゥーサ、エリス、レア、ゼウス
◇ PROFILE of Zeus（ゼウス）
◇ PROFILE of Atlas （アトラス）

ティタノマキア　106
キュクロプス、ヘカトンケイル、アトラス

プロメテウスとパンドラ　107
プロメテウス、パンドラ
◇ PROFILE of Prometheus（プロメテウス）
◇ PROFILE of Pandora（パンドラ）

オリンポス12神　110
ヘスティア、ディオニソス、ハデス、ケルベロス

ポセイドン・デメテール・アプロディーテ　111
ポセイドン、デメテール、アプロディーテ
◇ PROFILE of Aphrodite（アプロディーテ）

ヘラ　114
ヘラ、ヘーパイストス、テティス、アレス、アドニス
◇ PROFILE of Hera（ヘラ）
◇ PROFILE of Hephaistos（ヘーパイストス）

コラム　ギリシャ神話とゲームキャラ　117

アテナとニケ　118
メティス、アテナ、ニケ
◇ PROFILE of Athena（アテナ）
◇ PROFILE of Nike（ニケ）

ヘルメス　121
ヘルメス

英雄ペルセウス　122
ダナエ、ペルセウス、ペガサス、カシオペア、アンドロメダ、ケートス、イージス
◇ PROFILE of Perseus（ペルセウス）

星座の話①　神に愛でられしペルセウスに関わる星座　125

英雄ヘラクレス　126
ヘラクレス、ヒドラ
◇ PROFILE of Hercules（ヘラクレス）
The Labors of Hercules　129

迷宮ラビリンス　130
エウロペ、ミノス、ミノタウロス、ダイダロス

アリアドネの糸　131
　　テセウス、アリアドネ、イカロス
　　◇ PROFILE of Theseus（テセウス）

イアソンとメディア　133
　　イアソン、ホメロス、メディア
　　◇ PROFILE of Jason（イアソン）

パリスの審判　135
　　パリス、アガメムノン、ヘレン
　　◇ PROFILE of Paris（パリス）

トロイア戦争　138
　　レト、アポロン、アルテミス、カッサンドラ、レダ

［星座の話②］おおぐま座とこぐま座　140

［星座の話③］エコーとナルキッソス　141

［星座の話④］オリオン座とさそり座　142

アキレスとヘクトル　143
　　アキレス、ヘクトル
　　◇ PROFILE of Achilles（アキレス）
　　◇ PROFILE of Hector（ヘクトル）

トロイアの木馬　146
　　オデュッセウス、トロイアの木馬、アエネイス
　　◇ PROFILE of Odysseus（オデュッセウス）

オデュッセイア　148
　　ペネロペ、キルケ、セイレン、

太陽系の惑星　150

映画からギリシャ神話を理解する　151
　　アルゴ探検隊　152
　　トロイア戦争　155
　　ギリシア神話と現代世界を融合した映画　158
　　ちょっと要注意なヘラクレス　161
　　ギリシャ神話を扱った映画で英語を学習する方法　164

■参考文献　166
■クレジット一覧　168
■あとがき　171

■ Chapter 3「ギリシャ神話と映画」
── 表の見方① ──

神の名前やギリシャ神話を語るうえで重要なことば

反意語　　　用例　　　派生語

chaos [kéɪɑs]	（天地創造以前の）混沌とした状態。 反 cosmos（宇宙の秩序） □ in chaos「混沌とした」 ★After the American presidential election, there was complete chaos in the world.「アメリカ大統領選の後、世界は完全に混沌とした状態となった」
Gaia [gáɪə, géɪə]	ガイア。「地球」という意味もある。 □ gas「気体」　□ geography「地理」　□ geology「地質学」 □ geometry「幾何学」（土地の測量から） ローマ名はテラ(Terra)。□ terrace「テラス」 □ territory「領土」 映画 E.T. は Extra-Terrestrial「地球外生物」の略。
Tartarus [tɑ́ːrtərəs]	タルタロス。地獄・奈落とされ、ゼウスに反抗したタイタン族などを幽閉する場所。幽閉された者が暴れて、地震などの天変地異が起こると言われている。
Eros [éərɑs]	恋愛・性愛の神エロス。ローマ名はキューピッド(Cupid)。 □ erotic「性愛をかきたてる」
Erebus [érəbəs]	暗黒の神エレボス。地上界と冥界(ハデス)の間の暗黒のこと。 ◆ as black as Erebus「真っ暗な」

発音記号
(『リーダーズ英語辞典第3版』準拠)

成句

正確に表現すると「ローマ名の英語読み」だが、本文中では「ローマ名は」に表記を統一

■ Chapter 3 「ギリシャ神話と映画」
── 表の見方② ──

神のギリシャ名の英語読み

神のローマ名の英語読み

Aphrodite　アプロディーテ　Venus

- Aphrodite's Roman name was Venus, which is also the name of the second planet from the sun.
- If "Venus de Milo" had a hand, what might she have in her hand?
- Her son Eros is called Cupid, who had changed his image in Christianity.

下段 Q&A の解説

この表でとりあげている神の Q&A

▶金星はなぜヴィーナスと呼ばれるのですか？	ローマの Venus（ウェヌス）という愛の女神と同一視されたからです。英語読みするとヴィーナスです。月を除くと、惑星の中で一番明るい金星がヴィーナスにふさわしいと考えられたのでしょう。
▶ミロのヴィーナスに手があったら？	リンゴを持っていると想像するのはどうでしょう。トロイア戦争のきっかけとなったのは、パリスがヴィーナスに黄金のリンゴを与えたからです。
▶キューピッドは、彼女の息子ですか？	元々エロス（キューピッド）は、最初の神カオスが生み出したと考えられていました。つまり、愛欲は最古のものであるという考えです。しかし、いつしかアプロディーテの息子になり、弓矢で人の恋愛感情を操るように描かれました。そのイメージはキリスト教に引き継がれ、ラッパや堅琴を持った天使の姿に変わりました。
▶♀とアプロディーテの関係は？	♀は占星術では金星でアプロディーテが使う手鏡を表したもの。♂は火星でアプロディーテの恋人で、戦の神のアレスの槍と盾を組み合わせたものだと言われています。

ミロのヴィーナス　ルーブル美術館

〈Conversation memo〉

　Shocking Blue というバンドが Venus という曲を歌っています。その一節に、"Her weapons were her crystal eyes. Making every man mad."（彼女の武器は水晶のような目、すべての男を狂わせる）とあります。アプロディーテの魅力を歌いあげています。

会話をする時の話のネタ

Chapter 1

映画のヒーローと悪役

　映画やテレビドラマの力は、堅苦しくなりがちな授業や勉強とは違って、視聴者を一気に創作の世界に引き込み、その虜にしてしまうところにあります。自分の好きな映画や俳優を吹き替えなしで観ようと英語学習に取り組んでいる人もたくさんいることと思います。映画に出てくる英語は一筋縄ではいかない場合が多々ありますが、ここでは映画で使われている英語に対する興味をさらに引き出すスクリーンのヒーローと悪役について紹介します。

※映画に出てくるセリフの和訳は筆者によるものです。DVDの字幕などを参照しながら、元の英文に配慮しつつ、意味が伝わりやすいように心がけました。

※本文中の ●● は、REFERENCE に英語表現の語源と解説を付しています。

1. スーパーヒーローたち

二面性

映画に出てくるヒーローと言われて、まず思い浮かぶキャラクターは誰でしょうか。スーパーマン、スパイダーマン、バットマンなど、アメリカのマンガ（いわゆるアメコミ）を原作とするスーパーヒーローたちを思い浮かべる人も多いのではないでしょうか。これらのスーパーヒーローに共通しているところは、普段は一般人として生活していて、スーパーヒーローのアイデンティティを隠しているという二面性（dual identity）です。

たとえば、スーパーマンは新聞記者クラーク・ケント、スパイダーマンは高校生ピーター・パーカー、バットマンは億万長者ブルース・ウェインという別の顔（alter ego⇨）があります。スーパーヒーローが自分の正体を知られないように活躍するところに醍醐味があり、それが物語をスリリングに仕立ててくれる一つの仕掛けになっています。

スーパーヒーローをユーモアたっぷりに描いたピクサーアニメの『ミスター・インクレディブル（*The Incredibles*）』（2004）には、スーパーヒーローたちに世を忍ぶ仮の姿（secret identity）があるかどうか、記者が尋ねるシーンがあります。それに対して主人公のボブ・パーが、仮の姿の必要性について次のように答えています。

> Every superhero has a secret identity. I don't know a single one who doesn't. Who wants the pressure of being super all the time?
> スーパーヒーローならみんな正体を隠しているものさ。仮の姿のないヒーローなんて一人もいないさ。いつでも超人でいるプレッシャーなんて誰が望むと思う？

実名を使って活動することの不便さや生きづらさは、昔から多くの作家たちがペンネームを使って執筆活動をしてきたこととも重なりますし、芸能人が芸名を使うことにも通じています。近年インターネットでは、一般人でも

実名を使わずに発信したりすることが容易になってきています。二面性という意味では、ジェームズ・キャメロン監督の大ヒット映画『アバター(*Avatar*)』(2009)も思い出されます。自分の分身(アバター)を操って本来の肉体では活動できない空間に乗り込んでいくという斬新な設定で、主人公は、スーパーヒーローという位置づけではありませんが、ヴァーチャルな世界と生身の世界を行き来します。二つのアイデンティティを持つことは、便利に「使い分け」ができる一方、その葛藤も深まりそうです。

『アバター』(2009) ①

Reference

Alter ego

Alter ego とは「もう一人の自分、分身」という意味です。Ego とはもともとラテン語で「私」を意味し、「自我」という意味を持ちます。関連単語である egoism「利己主義」や egoist「エゴイスト」はそれぞれ自分第一主義、自分の利益をまず考える人という意味であるため、それにつられて日本語ではよく「動物をペットにするのは人間のエゴだ」というように、「エゴ」ということばを利己主義という意味で使いますが、alter ego の場合、単に自我という意味なので注意しましょう。派生語の alternative「別の可能性、選択肢」という意味の単語も覚えておくと便利です。

別名のことを、alias と言ったり、a.k.a(also known as)という略語を使って表す場合もあります。

John's internet alias was Incrediboy.
ジョンのインターネット通称はインクレディボーイだった。
The character Diana Prince, a.k.a Wonder Woman, was created in 1941.
ワンダー・ウーマンことダイアナ・プリンスというキャラクターは1941年に作られた。

その他、実名以外の呼称を示す表現として、作家たちが使用する pen name「ペンネーム」や、pseudonym「仮名」などがあります。

コスチューム

それぞれのコスチューム（costume➡）に着替えて変身するのも、スーパーヒーローの「シグナチャー」（特徴）と言えるでしょう。コスチュームは覆面つきのものが多く、スーパーヒーローの目印となる一方で、自分のもう一つのアイデンティティを隠す役目も果たしています。普段は平凡な生活を送っていても、いざとなると別人になってヒーローとして活躍する姿は、視聴者の中に潜む変身願望を満たしてくれるのでしょう。なお、スーパーマン、スパイダーマンはアメリカの国旗を思い起こさせる赤と青の組み合わせで（キャプテン・アメリカなどはアメリカの国旗そのもの）、アメリカ人にとって非常に愛国的な印象を与えています。

ちなみに、前述のアニメ『ミスター・インクレディブル』では、スーパーヒーローのマントが周りのものに引っかかったりして、安全性に問題があるという点が皮肉っぽく指摘されています。

アメリカ合衆国の国旗

マンガ・コミック専門店（ケルン）

コスチューム

⦿ REFERENCE

Costume

Costume とは、「（ある時代に特徴的な）服装一式、衣装」などを意味する単語ですが、もともとは「習慣」という意味で、custom と同じ語源です。また、スーパーヒーローたちの衣装にはマントがつきものですが、この「マント」はフランス語（manteau）由来で、英語では cape と言います。cape はもともとラテン語で「頭」という意味の caput に由来し、cappa はイタリア語で「フード（頭巾）」（ポルトガル語では capa と表記）を意味します。雨合羽の「カッパ」と英語の cape にも関連があることがわかりますね。

孤児

　スーパーヒーローのさらなる共通点として、その多くが孤児（orphan）であることもよく指摘されるところです。スーパーマンも、スパイダーマンも、バットマンもみんな孤児です。なぜヒーローが孤児として設定されるのかについては、いろいろな解釈がなされていますが、親の庇護のない子どもは、周りの家族に助けられたとしても、自分の力で生き抜いていかなければならず、孤独と試練に耐えうる強さが培われると考えられているからでしょう。また、アメリカという国自体がヨーロッパ（＝親元）から離れ、不安定な中を自ら生き延びて来た「孤児」なのだとする見方もあります。そのような境遇にもめげず、逞しく生きてきたアメリカ人の自負がスーパーヒーローに反映されているのかもしれません。

　すでに逆境に身を置く主人公が、さらに試練を与えられるのは、宿命とするほかはありません。そのため、孤児たちは悪に立ち向かう宿命を持った「選ばれし人」だと位置づけられるのです。スター・ウォーズ・シリーズのルーク・スカイウォーカーも、アナキン・スカイウォーカーも（最近のスター・ウォーズ・シリーズの主人公のレイも）、アニメ『カンフー・パンダ（*Kung Fu Panda*）』（2008）のポーも同様に孤児であり、選ばれし者でした。イギリスの作品ですが、幼くして両親を失ったハリー・ポッターも、物語の中で"The Chosen One"と呼ばれています。他にも、聖書までさかのぼると、モーセも孤児で、自分の出生の秘密を知りイスラエルの民を導く選ばれし指導者となりました。

『カンフーパンダ』（2008）②

『ハリー・ポッターと賢者の石』（2001）③

生き残るヒーロー

　他に「○○マン」のように特殊な能力を持っているスーパーヒーロー以外で、アメリカの代表的なヒーローとしてよく挙げられるのは、1970年後半から1980年代に登場した『ロッキー（*Rocky*）』(1976)の同名主人公や、『レイダース／失われたアーク《聖櫃》（*Raiders of the Lost Ark*）』(1981)のインディー・ジョーンズ、『ダイ・ハード（*Die Hard*❖❖）』(1988)のジョン・マクレーン刑事でしょうか。彼らの共通点は、全員生身の人間であるものの、強靭な肉体と不屈の精神を持ち、何事かを達成するまで決してあきらめないところです。また、彼らはあきらめないだけでなく、最後まで生き残るサバイバーなのです。アメリカの指導者は希望を語ると言われますが(オバマ大統領のメッセージは"Yes, we can"でした)、アメリカのヒーローの多くは、一部の例外を除いてあくまで死なず、最後まで生き残ります。これは明るい未来を

『ロッキー』(1976) ④

『インディー・ジョーンズ　レイダース／失われたアーク《聖櫃》』(1981) ⑤

『ダイ・ハード』(1988) ⑥

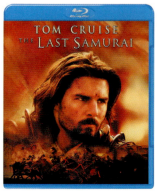

『ラストサムライ』(2003) ⑦

導くべきヒーロー(つまり希望)がなくなってはいけないという意識からもしれません。一方、日本のヒーローは、最後はみんなのために犠牲になって死んでしまうことで英雄化されるという傾向があります。『ラストサムライ(*The Last Samurai*)』(2003)で、トム・クルーズ演じるオールグレン大尉は生き残り、渡辺謙演じる勝元は死んでしまうのも、この違いを如実に物語っているのではないでしょうか。

REFERENCE

Die Hard

『ダイ・ハード(*Die Hard*)』という題名は「なかなか死なない、しぶとく頑張りぬく」という意味で、この映画のタイトルそのものが、不死身のアメリカ人ヒーローの特性を端的に表現していると言えるでしょう。なお、die hard は以下のような文でよく使われます。

> Old habits die hard.
> 昔からの習慣はなかなかなくならない。
> Even the die-hard fans admitted that the movie was a failure.
> ガチガチのファンでさえもその映画が失敗だったことを認めた。

ところで、『ダイ・ハード』の主人公マクレーン刑事は、スーパーヒーローたちとは異なり、何かスーパーパワーがあるわけでもなく、いわゆる「選ばれし者」ではありません。しかし以下『ダイ・ハード 4.0 (*Live Free or Die Hard*)』(2007)のマクレーンの一連のセリフに見られるように、自分が人を助ける立場にいることを受け止め、散々な目にあいながらも、その役割を全うしようとしている点で、スーパーヒーロー以上にヒーロー的な存在と位置づけられるかもしれません。

『ダイ・ハード 4.0』(2007) ⑧

McClane: *Nobody here is a hero, kid.*
Farrell: *You saved my life like 10 times, in the last six hours.*
McClane: *I was doing my job, that's all. Do you know what you get for being a hero? Nothing!*

〈中略〉

Farrell: *Then why are you doing this?*
McClane: *Because there is nobody else to do it right now. Believe me if there was somebody else to do it, I would let them do it. There's not, so we're doing it. That's what makes you that guy.*

マクレーン：ここにいる誰もヒーローなんかじゃないんだよ、坊主。
ファレル：でも、この6時間ぐらいの間で僕の命を10回ぐらい助けてくれたじゃないか。
マクレーン：自分の仕事をしただけさ。ヒーローになって何がもらえるか知ってるか？　何もだ！

〈中略〉

ファレル：じゃあ、どうしてこんなことをしてるの？
マクレーン：今ここに俺の代わりにやるヤツが誰もいないからさ。他にやるヤツがいたら、喜んで譲るさ。だけど、今誰もいないから、俺たちがやってるんだ。誰もいないから、俺たちがやるしかないんだ。

苦悩するスーパーヒーロー

　初期の頃のスーパーヒーローたちは、ヒーローとしての活躍と、その裏で一般人の生活をしているという二面性はあったものの、自分の役割やアイデンティティについて深く悩むことはあまりなく、比較的単純な描かれ方をしていました。けれども、時代とともにスーパーヒーローたちの生い立ちや内面を扱うようになっていきました。

　自分の使命について苦悩することの多いスパイダーマンが良い例です。冴えない高校生ピーター・パーカーは孤児として育ち、叔父夫婦に育てられます。あるとき、偶然クモにかまれ特殊な能力を得ますが、暴漢を見逃したことで結果的に叔父を死なせてしまい、そのうえグリーン・ゴブリンと化してしまった親友ハリーの父とも戦わざるを得なくなってしまいます。そのため、ずっと思いを寄せていた幼馴染メリー・ジェーンに愛の告白をされても、自

分の身の回りに危険が及ぶことを恐れて愛する者のもとを去る選択をします。

以下は映画『スパイダーマン（*Spider-Man*）』（2002）の終わりのシーンに出てくるセリフで、亡くなった叔父に言われたことばを胸に、ピーターはメリー・ジェーンに別れを告げてスパイダーマンとしての自分の宿命を受け入れるのです。

> Whatever life holds in store for me, I will never forget these words. "With great power comes great responsibility." ●●
> This is my gift●●, my curse. Who am I? I'm Spider-Man.
> この先、人生に何が待ち受けようと、僕はこのことばを決して忘れない。「大いなる力には大いなる責任が伴う」。この力は僕への贈り物でもあり、呪いでもある。僕は誰かって？ 僕はスパイダーマンなのさ。

なお、スパイダーマンは Spiderman ではなく Spider-Man と表記されています。これは、スパイダーマンにはクモ（＝スーパーヒーロー）と人間（＝ピーター・パーカー）という二つのアイデンティティがあり、その二つの狭間で悩む存在であることをより鮮明に示す表れと言えるでしょう。また、スパイダーマンは自分のことを "Just Your Friendly Neighborhood Spider-Man"「あなたの親愛なる隣人、スパイダーマン」と言っていますが、それは身近な人のために役に立ちたいという、スパイダーマンの存在意義を自分なりに定義づけたものと言えるでしょう。

『スパイダーマン』（2002）⑨

REFERENCE

With great power comes great responsibility

With great power comes great responsibility（大いなる力には大いなる責任が伴う）は、副詞句を強調した倒置構文（動詞が主語の前に移動）となっています。

<u>Great responsibility</u>	<u>comes</u>	<u>with great power</u>.
S 主語	V 動詞	副詞句

Gift

Gift ということばは、一般にはプレゼントと同じように「贈り物」の意味で使われますが、「特別な才能、資質」という意味もあります。特に天賦の才能（＝神から与えられた才能）を指しています。スパイダーマンにとって特殊能力は偶然与えられた能力であり、その意味で神からの贈り物と言えるでしょう。

> She has a gift for languages.
> 彼女はことばの才能がある。
> She considers her voice a God-given gift.
> 彼女は自分の声を天賦のものと考えている。

スーパーヒーローの葛藤は、映画『ハンコック（*Hancock*）』（2008）では中心的なテーマになっています。ハンコックは記憶喪失を患うアル中のスーパーヒーローという設定で、彼の「活躍」は市民にとってむしろ破壊的な迷惑行為として受け取られています。確かに、敵を倒す際に高層ビルが壊されたり、車が何台も玉突きになるといったシーンは、スーパーヒーローの映画でよく見られる光景ですが、冷静になって考えれば、残された市民にとっては、それ自体が甚大な被害とも言えます。警察に追われて車で逃走する男たちを追跡し、その車をビルに突き刺して900万ドルもの被害を与えたハンコックに警察は怒りを抑えきれません。

『ハンコック』（2008）⑩

With all the cracks in the concrete, with all the bullets, the water damage, the fires, L.A. would be a lot better off if this guy would just leave and let us get on with our jobs. He's never asked us for a badge••. He's never worked with us in any capacity whatsoever. Zero.

穴だらけのビル、銃撃、水道管の破裂、火事のことを考えたら、ハンコックがいなくなって、俺たちに普通に仕事をさせてくれたら、ロサンジェルスにとってはよっぽどマシだ。ヤツは正式な警察として認められたこともなく、俺たちと一緒に協力して仕事をしたこともない。一度もだ。

このシーンのセリフが示すように、スーパーヒーローの単独行動と独断は、一歩間違えれば取り返しのつかない被害を招いてしまいます。ハンコックは自分の過去に向き合い、他者を尊重し、協力することを学んで真のスーパーヒーローになっていくのです。

••Reference

Badge

Badge とは、日本語でも社員バッジなどと言うように、その人の属性を示す「印、記章」という意味で使われていますが、文脈によっては以下の例文にもあるように特に警察や軍(関係者)を指します。

He lost his badge.
彼は警察の職を失った。
The FBI agent flashed the badge to gain entry.
FBI のエージェントはバッジをちらつかせて中に入った。

警察、警官を意味する単語は映画にたくさん出てきます。Police officer や cop は一般に警官を意味しますが、細かい階級名も頻出します。Chief「警視総監」、inspector「警視」、captain「警部」、lieutenant「警部補」、sergeant「巡査部長」、detective「巡査、刑事」など、知っていると上下関係がわかりやすくなります。他にもよく出てくる単語として sheriff「保安官」、law enforcement officer「法執行官」、pig「《俗》サツ(警察を指す蔑称)」などがあります。

賞賛の対象ではなく、非難の的となるスーパーヒーローは、アニメの『ミスター・インクレディブル』でも繰り返されるテーマです。「死のうとしていたのに助けられてしまった」「大損害を被った」などという理由で次々に訴訟を起こされ、主人公たちはスーパーヒーローではなく一般人として生きることを余儀なくされます。保険会社で働くサラリーマンとなったスーパーヒーローは昔の活躍を懐かしみ、人々を助けたい衝動に駆られます。最後は家族全員スーパーパワーを発揮して、その存在意義を認めてもらいますが、現代社会はスーパーマンが突然登場して一件落着となるほど単純な社会ではないことが暗示されているように思えます。

協力するスーパーヒーロー

　かつてスーパーヒーローたちは、それぞれの敵とそれぞれの世界で戦っていました。ところが近年は、スーパーヒーローたちが同一世界に共存する設定で描かれるようになってきています。その良い例が『アベンジャーズ（*Marvel's the Avengers* ●◆）』(2012)です。この映画では、『アイアンマン（*Iron Man*）』(2008)を始めとしてキャプテン・アメリカ、ハルク、ソーといった複数のスーパーヒーローたちが集結し、時に衝突しながらも協力して、敵に向かって戦うという設定になっています。

『アイアンマン』(2008) ⑪

同じ世界に様々な物語の主人公が行き来すると、個々の世界では主役格のヒーローたちが相対的に矮小化され、つまらなくなってしまう危険性があると考えられます。実際、今やスーパーヒーローの百花繚乱の時代で、やや大量生産され気味という印象が否めません。しかし、商業的には映画『アベンジャーズ』は大成功を収め、評論家からも高く評価されています。現代社会においては、世界各国の指導者たちが国家を超えて直面する問題に向き合うべきであるとのメッセージを、スーパーヒーローが協力して悪に立ち向かう姿になぞらえているのかも知れません。善玉と悪玉が明らかな単純なストーリーではなく、より現実に即した世界の複雑さを重ね合わせたストーリー展開となっていると言えるでしょう。

◆ Reference

Avenger

Avenger とは「復讐者、敵を討つ者」という意味です。スーパーヒーローが復讐するというと違和感があるかもしれませんが、avenge には「不正や悪事を正すために討つ」という意味があり、単なる revenge「個人的な報復」とは異なります。Avenge と revenge は非常によく似ているので、違いがわかりにくいかもしれませんが、以下の二つの例文をみて下さい。

avenge	動 復讐する（正義のため悪事を正す）
	He swore he would avenge his father's death.
revenge	動・名 （個人的な恨みをはらすための）復讐（する）
	He swore he would get revenge for his father's death.

両者とも「彼は父親の死への恨みを晴らすと誓った」という意味ですが、前者には不当に亡くなった父のため、悪を正すという意味合いが込められています。つまり justice「正義」のための制裁といえます。一方、後者は父の死の理由や「復讐」の正当性にかかわらず個人的な報復というニュアンスがあるのです。なお、avenge は動詞しかなく、revenge は動詞にも名詞にもなりますが、get/seek revenge for という表現がよく使われます。

対立するスーパーヒーロー

　個々のスーパーヒーローが同世界で活躍する設定になると、スーパーヒーロー同士の対立は避けられません。世紀の対決と銘打って、バットマンとスーパーマンの対立を描いた映画が、『バットマン vs スーパーマン　ジャスティスの誕生 (*Batman v Superman: Dawn of Justice*)』(2016) です。前作『マン・オブ・スティール (*Man of Steel*)』(2013) でスーパーマンは地球侵略を企む故郷クリプトン星のゾッド将軍と戦い、地球を守ります。しかし、その時の大規模な市街戦で巻き添え (collateral damage➡) を食い、社員を失ったバットマンは、異星人であり強大なパワーを持つスーパーマンを危険視するようになります。スーパーマンを地球への脅威とする世論が高まり、スーパーマンは議会に召喚されます。以下は、スーパーマンが独断で行動することは不適切だと指摘する上院議員 (senator) の発言です。

> I'm not saying he shouldn't act. I'm saying that he shouldn't act unilaterally.
> スーパーマンは（救助のための）行動するべきではないと言っているわけではありません。独断で行動するべきではないと言っているのです。
> This is how a democracy works. We talk to each other. We act by the consensus of the governed.
> これが民主主義のやり方です。みんなで話し合うのです。国民の同意によってわれわれは行動するのです。

『バットマンvsスーパーマン　ジャスティスの誕生』(2016) ⑫

『マン・オブ・スティール』(2013) ⑬

REFERENCE

Collateral damage

Collateral damage とは「民間人被害、政治的にやむを得ない犠牲」のことを指します。要するに巻き添えのことで、政治・軍事トピックではよく使われる用語です。アーノルド・シュワルツェネッガー主演の映画『コラテラル・ダメージ（Collateral Damage）』（2002）は、まさにこの用語をタイトルにしたものです。トム・クルーズ主演の『コラテラル（Collateral）』（2004）というタイトルの映画もあります。この映画は、結果的に共犯になってしまった主人公の悪夢の一夜を描いたサスペンスです。Collateral には「従犯」という訳があてられていますが、本来は巻き添えという意味の延長と言えるでしょう。

そもそも、collateral は、「共に、一緒に」を意味する接頭辞 co-(com-, con-) と、「側面の、二次的な」という意味の lateral から成る単語で、通常は「担保」という意味で使われます。担保とは借金を返済できない場合に差し出す、つまり「一緒に副次的に出すもの」だからです。

他に関連する単語として bilateral「両方向の」、unilateralism「単独行動主義、一国主義」などがあります。

『コラテラル・ダメージ』(2002) ⑭

『コラテラル』(2004) ⑮

> He used his house as collateral to buy the new property.
> 彼は自宅を担保に新しい土地を購入した。
> Through bilateral talks, Britain and the US reached an agreement on trade issues.
> 二国間の協議により、イギリスとアメリカは貿易に関する合意に至った。

映画ではその後、バットマンがスーパーマンに攻撃をしかけるものの、最終的には、スーパーマンを抹殺しようとしていた真の黒幕レックス・ルーサーが生み出した怪物の出現によって、二人は力を合わせ、ワンダー・ウーマンも加勢してその怪物を倒します。

このように、最近のスーパーヒーローのストーリーは単純な勧善懲悪ではなく、誰のための正義なのかを問うものになっています。なお、この映画に出てくる「知識」に関するセリフは一考の価値があります。

> Ignorance is not the same as innocence.
> 無知は無罪と同じではない（知らなかったからといって、罪がないとは言えない）。

同行していたカメラマンが CIA エージェントだったことを知らなかった、と弁明する新聞記者ロイス・レーン（スーパーマンの恋人）に対して、テロリストが言ったことばです。

> People hate it when they don't understand.
> 人は何かを理解できないとそれを忌み嫌うものなのよ。

スーパーマンの育ての母マーサが、スーパーマンを慰めるために言ったことばです。私たちも知らなかったという理由で自己弁護をしたり、異質なもの、理解できないものを排除しようとしていないか、改めて振り返る必要がありそうです。

リニューアルされるスーパーヒーロー

スーパーヒーローが初めてアメコミに登場したのは 1930 年代で、すでに 90 年近い歴史があります。そのため、スーパーヒーロー役を務める俳優たちも時代と共に変わっていくのも致し方ありません。スーパーマンを例に取ると、初代のカーク・アレン、最も有名な四代目クリストファー・リーヴ、そして、2017 年最新作に出演したヘンリー・カヴィルまで、10 人ぐらいの役者がスーパーマン役を担ってきました。シリーズが長期化し、これまでの物語との整合性が取れなくなって行き詰ってくると、リブート (reboot) といって、過去の作品との連続性にとらわれずに物語をリセットし、新たにストーリーを作り直す場合もあります。スパイダーマンやバットマンも複数の

俳優によって演じられていて、周辺の人物も主人公や監督の変更と共に、しばしば変更されています。どの俳優がハマリ役と思うかは個人の主観にもよりますが、異なる俳優と設定を比較するのも、スーパーヒーロー映画ならではの楽しみ方と言えるでしょう。

　一方で、スター・ウォーズのように長期間にわたって制作される映画もあります。1977年の第1作目『スター・ウォーズ(*Star Wars*)』(後に『スター・ウォーズ　エピソード4／新たなる希望(*Star Wars: Episode IV—A New Hope*)』に修正)からオリジナル三部作(trilogy◆)が作られた後、前編(prequel◆)の三部作に続き、現在も後編(sequel◆)の三部作が制作されているところです。第1作目では20代、30代だった主人公役のマーク・ハミル(ルーク・スカイウォーカー役)、2016年に亡くなったキャリー・フィッシャー(レイア姫役)、ハリソン・フォードら(ハン・ソロ役)が60代、70代になってから、再び同じ役柄で登場しているところが時代の流れを感じさせます。しかし、レイア姫役の女優キャリー・フィッシャーが2016年に急逝し、製作途中のエピソード9については内容の調整が必要になってしまいました。これまでに撮影された素材を活用すると報道されていますが、生身の人間が創り上げている映画だからこそ、このような事態にも対応せざるを得ないと言えます。ただ、新しい登場人物を迎えて世代交代しても、繰り返される善と悪の戦いから生まれるメッセージは普遍的です。特にジェダイの騎士の師であるヨーダの数々のセリフは、私たちにとっても影響力の強い教えと言えるでしょう。

　　Do or do not. There is no try.
　　　　　(*Star Wars: Episode V—The Empire Strikes Back*, 1980)
　　やるかやらないかだ。試しはなしだ。
　　　　　　　　　(スター・ウォーズ　エピソード5／帝国の逆襲)
　　Fear is the path to the dark side... fear leads to anger... anger leads to hate... hate leads to suffering.
　　　　　(*Star Wars: Episode I—The Phantom Menace*, 1999)
　　恐れとは暗黒面へ続く道だ。恐れは怒りを呼び…怒りは憎しみを呼び…憎しみは苦しみを呼ぶ。
　　　　　　　　(スター・ウォーズ　エピソード1／ファントム・メナス)
　　The greatest teacher, a failure is. (*Star Wars—The Last Jedi*, 2017)
　　失敗は、最も偉大な教師だ。　　(スター・ウォーズ／最後のジェダイ)

Reference

Trilogy

Trilogy とは三部作のことで、「3」を表す tri- と「一話、学」などを意味する -logy からなる語です。スター・ウォーズだけでなく、マトリックス、ゴッド・ファーザー、バック・トゥ・ザ・フューチャー、ロード・オブ・ザ・リングなど三部作の作品は多数あります。

Prequel, Sequel

映画関係の用語としては、prequel「前編」、sequel「後編」、trailer「予告編」、teaser「じらし広告（いい場面を小出しにして観客の興味をひく予告）」、spoiler「ネタばれ」、blooper「NG集」、premiere「初公開」、remake「リメイク」など多数あります。Reprise は俳優が同じ役を再度務めることを指します。映画の話をしたいときに覚えておくと便利な単語です。

Daniel Craig is set to reprise his role as 007.
ダニエル・クレイグが007の役を再び担うことになっている。

『マトリックス』(1999) ⑯

『ゴッドファーザー PART I』(1972) ⑰

『バック・トゥ・ザ・フューチャー』
(1985) ⑱

『ロード・オブ・ザ・リング』
(2001) ⑲

2. その他のヒーロー

アメリカン・フィルム・インスティテュート選出のヒーローたち

　特殊な能力もしくは武器を持って世界を守るスーパーヒーローではなくても、ヒーローたちはもっと身近なところにも存在しています。アメリカン・フィルム・インスティテュート（American Film Institute, AFI）と呼ばれる、映画の保護・促進を目的とする権威ある協会は、2003年に「アメリカ映画100年のヒーローと悪役ベスト100（AFI's 100 Years... 100 Heroes and Villains）」（各50人）を発表しています。そこに選出されたヒーローたちを見てみましょう。2003年のランキングなので、2000年以降の作品はほとんど出てきませんが、スーパーヒーローたちはあまり上位に入っていません。スーパーマン26位、バットマンが46位につけているだけです。他に、前述のヒーローでランクインしているのはインディー・ジョーンズ2位、ロッキー7位、スター・ウォーズ・シリーズからは、ハン・ソロ14位、オビ＝ワン37位、そして『十戒（*The Ten Commandments*）』（1956）のモーセ43位ぐらいです。AFIはヒーローを「困難な状況に打ち勝ち、モラル、勇気と目的意識を体現してくれるキャラクター」と定義しているので、スーパーヒーローの枠組みを超えて幅広い人選がされているのです。

ロッキー

『十戒』（1956）⑳

女性のヒーロー(heroine)も『羊たちの沈黙(*The Silence of the Lambs*)』(1991)の主人公クラリス6位、『エイリアン2(*Aliens*)』(1986)のリプリー8位など、50人中8人ランクインしています。

『羊たちの沈黙』(1991)㉑

『エイリアン2』(1986)㉒

アティカス・フィンチ

　AFIのヒーローとして栄えある第1位を飾ったのは、グレゴリー・ペック演じる『アラバマ物語(*To Kill a Mockingbird*)』(1962)のアティカス・フィンチでした。アティカスは、人種差別がはびこるアメリカ南部で自らも危険にさらされながらも、白人女性に暴行したという容疑で裁判にかけられた無実の黒人トム・ロビンソンの弁護を引き受けた、「勇気ある」弁護士です。アティカスはなぜ町の人たちから不評を買ってまで黒人の弁護をするのか、と自分の子どもに問われて次のように答えています。

グレゴリー・ペック

『アラバマ物語』(1962)㉓

For a number of reasons. The main one is that, if I didn't, I couldn't hold my head up in town. I couldn't even tell you or Jem ... not to do something again.

いろいろな理由からだ。一番の理由は、もし（トム・ロビンソンの弁護を）引き受けなかったら、顔を上げてこの町を歩けなくなってしまう。ジェムやおまえに何か言う資格さえなくなってしまう。

そして、裁判では陪審員たち（jury➡）にトム・ロビンソンが無実である理由を客観的、論理的に訴え、最後に陪審員に偏見にとらわれず正しい選択をするように訴えかけています。

In the name of God, do your duty.
神の名のもとに、任務を果たしてください。

思慮深く、慈愛に満ちた父親として、また自分の信念に従って困難な裁判を引き受けたアティカスの姿は、「アメリカの良心」と讃えられています。

REFERENCE

Jury

Jury は、「陪審（団）」のことで、通常、民間から選出され裁判に出席する 12 名の代表者を指します。それぞれの陪審員は juror と呼ばれ、彼らは裁判を傍聴し、被告人が無罪（not guilty）か有罪（guilty）かを判断し、その総意を評決（verdict）として裁判長に伝えるという重要な役割を担っています。

ユースティティア（テミス）像 フランクフルト

The jury delivered the verdict of not guilty.
陪審員は無罪の評決を下した。
The jury is still out.
決断はまだされていない。

なお、jury は「法律」という意味を持つ jur- から成り、関連単語には、jurisdiction「司法権、管轄区域」や injure「けがをさせる、傷つける」などがあります。Injure は否定の接頭辞 in- と法律や正義を意味する jure の組み合わせなので、「正しくないことをする」から「傷つける」という意味が発生しているのです。

裁判では、被告は有罪とされるまでは無罪という大前提があります。これを推定無罪と呼びますが、ハリソン・フォード主演で『推定無罪（*Presumed Innocent*）』（1990）という映画がありました。被告人の有罪が認定されるためには、「合理的な疑いを差しはさむ余地のない程度」の立証、証拠が必要とされています。この「合理的な疑い」を reasonable doubt と言い、これも裁判シーンで頻出する単語です。『ダウト～偽りの代償～（*Beyond a Reasonable Doubt*）』（2009）は、1956 年に制作された『条理ある疑いの彼方に（*Beyond a Reasonable Doubt*）』のリメイクで、証拠を捏造して裁判に勝ち続ける検事に挑む男の話です。

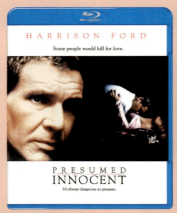

『推定無罪』（1990）㉔

『ダウト　偽りの代償』（2009）㉕

3. 華やかな悪役たち

スーパーヒーローの敵たち

多数のスーパーヒーローに対してたくさんの悪役・敵役（villain ↔）も登場してきました。実際、敵役のアクが強ければ強いほど、主役が引き立つと言えるでしょう。著名な映画評論家ロジャー・エバートはスター・トレック、スター・ウォーズ、そしてジェームズ・ボンド（007）などの大作を例に、悪役の重要性を次のように語っています。

> Each film is only as good as its villain. Since the heroes and the gimmicks tend to be repeated from film to film, only a great villain can transform a good try into a triumph.
> どんな映画も悪役次第だ。ヒーローや仕掛けは映画ごとに繰り返されることが多いから、偉大な悪役だけがまあまあの出来を成功に変えられるのだ。

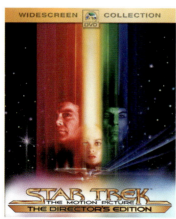

『スタートレック』（1979）㉖

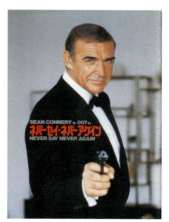

『ネバーセイ・ネバーアゲイン』（1983）
（松竹・パンフレット）

REFERENCE

Villain

Villain とは「悪役、悪党」を意味します。もともと villager「村人」から派生したことばで、「粗野な人間」→「悪役」という意味に変化しました。領主である貴族にとって、村人は犯罪を犯す歓迎せざるべき不誠実な人間に見えたのかもしれません。

敵役を表す単語には archenemy「大敵」、archrival「最大のライバル」、antagonist「敵対者」、foe「仇、敵（文語）」、fiend「鬼、残酷な人」などがあります。プロレスでの悪役は heel「ヒール」と呼ばれています。また antihero「アンチヒーロー」は、いわゆるヒーロー像には当てはまらないけれど、準主人公の役割を担った登場人物を指すことばです。

たとえば、スーパーマンも、スパイダーマンも、バットマンも数々の敵を倒してきましたが、誰も似たり寄ったりで記憶に残る悪役はそれほど多くはないかもしれません。そんな中で最も印象に残るスーパーヒーローの敵役は、何といってもバットマンに登場するジョーカーではないでしょうか。ピエロのような外見が特徴的で、人を傷つけ苦しめることを楽しんでいる悪役です。幼い頃父親に虐待を受け、それがジョーカーの行為の原因であることが示唆されています。『ダークナイト (The Dark Knight)』(2008) に出てくるジョーカーのセリフは、どんなに立派な人間でもちょっとしたことで狂気に陥る可能性があることを指摘しています。人間の弱さをあざ笑っているようです。

『ダークナイト』(2008) ㉗

> You see, madness, as you know, is like gravity. All it takes is a little push!
> 狂気とはご存知のとおり重力みたいなものさ。ちょっと押せばすぐ落ちる!

　そして、このことばを証明するかのように、ジョーカーの策略によって、正義の味方であったはずの検事さえも復讐の鬼と化してしまいます。この検事は、有事の際にはバットマンのような守護者が必要であると説いていました。一方、検事の恋人であり、バットマンの幼馴染であるレイチェルは、そんな守護者が悪に変貌する危険性を指摘しています。

> Harvey: *When their enemies were at the gates ... the Romans would suspend democracy and appoint one man to protect the city. It wasn't considered an honor, it was a public service.*
> Rachel: *Harvey, the last man that they appointed to protect the republic was named Caesar ... and he never gave up his power.*
> Harvey: *OK, fine. You either die a hero ... or you live long enough to see yourself become the villain.*
> ハーヴィー（検事）：敵が押し寄せたとき、ローマ人は民主主義を一旦とりやめて国を守るために一人の人間にローマを託した。それは名誉というより公益のためだった。
> レイチェル：ハーヴィー、ローマを守るために選んだ最後の男がシーザーよ。そして彼はその後権力を手放さなかった。
> ハーヴィー：確かに。英雄として死ぬか、生き延びて悪と化すか、だ。

　この一連のセリフも、英雄と悪は紙一重であるという危うさを物語っています。ジョーカーの恐ろしさは、単に不気味な悪の化身というだけでなく、「善良」な人を追い詰めて悪に染めてしまうところにあると言えるでしょう。
　ちなみに、欧米では、「ピエロ恐怖症」（Coulrophobia）を患う人が一定数いると言われています。白塗りの顔に大きく裂けた口、目を縦断する線と

華やかな悪役たち　25

いった特徴的なメイク、それだけでも十分気味が悪いといえば気味が悪いかもしれませんが、ジョーカーのいで立ちもこの恐怖症の発症を起こす原因になっているとも言われています。

悪役の特徴および偏見

ところで悪役にはスーパーヒーローのような共通の特徴があるのでしょうか。一つ言えることは、最後には必ずヒーローに倒される定めにあるというところでしょう。強大なパワーもしくは権力を持ち、知能も高く、自分の世界観に基づく（往々にして歪曲された）信念を持つ人物であることも、多くの悪役の共通点と言えるかもしれません。

興味深い点は、アメリカ映画ではこういった特徴を持つ悪役の多くが、イギリス人の設定、もしくはイギリス式英語を使っているところです。イギリス英語はアメリカ英語に比べて「洗練されていて、上品で、賢く見える」というイメージを持たれています。一方で「特権的、信頼できない、親しみを感じない」というレッテルを貼られることも多く、このようなイギリス英語のイメージが典型的な悪役と合致した結果といえるでしょう。事実、アメリカ映画における悪役はイギリス人俳優の一種の典型的な役どころになってしまっています。例えば、スター・ウォーズのヒーローたちはアメリカ英語を話しているのに対し、シスの暗黒卿やダースベイダーはなぜかイギリス（系）の英語を話しています。ダイ・ハードの第1作目でも、主人公のマクレーン刑事はアメリカ英語を話しますが、敵役のハンス・グルーバーはドイツ人という設定ではあるものの、イギリス人俳優アラン・リックマンがその役を担っています。さらにディズニーの『ライオン・キング（*The Lion King*）』（1994）では堂々としたアメリカ英語を話すムサファに対し、その弟であり、主人公シンバにとって父親の仇であるスカーがイギリス英語を話しているのも象徴的と言えるでしょう。アメリカ英語を話すヒーローに対して、イギリス英語を話す悪役という構図は、もしかしたら独立戦争というアメリカ人の原体験に基づくものなのかもしれません。

また、悪役の特徴としてよく指摘されるのは、暗い色の衣装を着ていること（古くは西部劇の代表作『シェーン（*Shane*）』（1953）の殺し屋）、外見に傷があること（もっと古く、『暗黒街の顔役』（1932）や『スカーフェイス』（1983）で、どちらの作品も原題は文字通り *Scarface* です）、などが挙げられます。前述のスター・ウォーズの悪役であるシスの暗黒卿やダースベイダー、そして最新の三部作の主人公のカイロ・レンにも、皆顔に傷や深い皺が見ら

れます。もちろんジョーカーもそうです。つい最近、AFI の「ヒーローと悪役ベスト 100」ランキングで、ヒーローには皮膚に何の疾患も見られないのに、悪役に関しては上位 10 人のうち 6 人の皮膚が正常な状態ではなかったとアメリカの研究者らが報告したと報道されていました。皮膚の疾患に対する偏見を助長しかねないとして、悪役の描き方に警鐘を鳴らしています。

　悪役への偏見は、イギリス英語と外見だけではありません。ディズニー映画に出てくる悪役について研究した言語学の調査では、悪役の多くがイギリス英語だけではなく外国語なまりで登場することが多かったと指摘しています。子ども向けの映画で、外国人＝悪い人というイメージが定着してしまうことの罪深さについて再考を促しています。

『シェーン』（1953）
（ケンリック極東株式会社　パンフレット）

『暗黒街の顔役』（1932）㉘

『スカーフェイス』（1983）㉙

ヒーローベスト 10

① Gregory Peck as **Atticus Finch** in *To Kill a Mockingbird* (1962)
アティカス・フィンチ 『アラバマ物語』 グレゴリー・ペック

② Harrison Ford as **Indiana Jones** in *Raiders of the Lost Ark* (1981)
インディアナ・ジョーンズ 『レイダース/失われたアーク《聖櫃》』 ハリソン・フォード

③ Sean Connery as **James Bond** in *Dr. No* (1962)
ジェームズ・ボンド 『007 ドクター・ノオ』 ショーン・コネリー

④ Humphrey Bogart as **Rick Blaine** in *Casablanca* (1942)
リック・ブレイン 『カサブランカ』 ハンフリー・ボガート

⑤ Gary Cooper as **Will Kane** in *High Noon* (1952)
ウィル・ケイン 『真昼の決闘』 ゲィリー・クーパー

⑥ Jodie Foster as **Clarice Starling** in *The Silence of the Lambs* (1991)
クラリス・スターリング 『羊たちの沈黙』 ジョディ・フォスター

⑦ Sylvester Stallone as **Rocky Balboa** in *Rocky* (1976)
ロッキー・バルボア 『ロッキー』 シルヴェスター・スタローン

⑧ Sigourney Weaver as **Ellen Ripley** in *Aliens* (1986)
エレン・リプリー 『エイリアン2』 シガニー・ウィーバー

⑨ James Stewart as **George Bailey** in *It's a Wonderful Life* (1946)
ジョージ・ベイリー 『素晴らしき哉、人生!』 ジェイムズ・ステュアート

⑩ Peter O'Toole as **T. E. Lawrence** in *Lawrence of Arabia* (1962)
T・E・ロレンス 『アラビアのロレンス』 ピーター・オトゥール

...100 Heroes & Villains

悪役ベスト 10

❶ Anthony Hopkins as **Dr. Hannibal Lecter** in *The Silence of the Lambs*（1991）
ハンニバル・レクター　『羊たちの沈黙』　アンソニー・ホプキンス

❷ Anthony Perkins as **Norman Bates** in *Psycho*（1960）
ノーマン・ベイツ　『サイコ』　アンソニー・パーキンス

❸ David Prowse as **Darth Vader** in *Star Wars: Episode V ― The Empire Strikes Back*（1980）
ダース・ベイダー　『スター・ウォーズ エピソード５/帝国の逆襲』　デヴィッド・プラウズ

❹ Margaret Hamilton as **The Wicked Witch of the West** in *The Wizard of Oz*（1939）
西の魔女　『オズの魔法使』　マーガレット・ハミルトン

❺ Louise Fletcher as **Nurse Ratched** in *One Flew Over the Cuckoo's Nest*（1975）
ラチェット看護師　『カッコーの巣の上で』　ルイーズ・フレッチャー

❻ Lionel Barrymore as **Mr. Potter** in *It's a Wonderful Life*（1946）
ポッター氏　『素晴らしき哉、人生！』　ライオネル・バリモア

❼ Glenn Close as **Alex Forrest** in *Fatal Attraction*（1987）
アレックス・フォレスト　『危険な情事』　グレン・クローズ

❽ Barbara Stanwyck as **Phyllis Dietrichson** in *Double Indemnity*（1944）
フィリス・ディアトリクソン　『深夜の告白』　バーバラ・スタンウィック

❾ Linda Blair as **Regan MacNeil** in *The Exorcist*（1973）
リーガン・マクニール　『エクソシスト』　リンダ・ブレア

❿ Voice of Lucille La Verne as **The Evil Queen** in *Snow White and the Seven Dwarfs*（1937）
王妃　『白雪姫』　声の出演ルシル・ラ・ヴァーン

※ AFI「アメリカ映画100年のヒーローと悪役ベスト100」（2003年）より上位10人を抜粋

アメリカン・フィルム・インスティテュート選出の悪役たち

　AFIでは、ヒーローと共に悪役トップ50も選出しています。その第1位に輝いたのは『羊たちの沈黙』のハンニバル・レクター博士でした。アンソニー・ホプキンス演じるレクター博士は、立ち居振る舞いは一見非常に紳士的でイギリス英語で話す点、先天性の肉体的障害を持っている点（ただし映画では取り上げられていない）、また並々ならぬ知能を持っているという点で前述の悪役の特徴を共有しています。とはいえ、なぜレクター博士が第1位なのでしょうか。アンソニー・ホプキンスの秀逸な演技によるところも大きいと思いますが、視聴者の恐怖を呼び覚ますのは、人肉を食べてしまうという狂気だけではなく、精神科医として人の心の奥底を見透かし、その人の一番弱いところを正確に見抜いてしまうところにあると思います。そして、レクター博士は、連続殺人者（serial killer）であり、獲物を狙う捕食者（predator）なのです。そんなレクター博士の悪役としての特徴をよく表しているのが次のような一連のセリフです。

> Our scars have the power to remind us that the past was real.
> 傷跡は過去が事実だったことを思い出させる力がある。
> When the fox hears the rabbit scream, he comes a-runnin' but not to help.
> キツネはウサギの鳴き声を聞きつけると走ってやってくるが、助けるためではない。
> I do wish we could chat for longer, I'm having an old friend for dinner.
> もっとおしゃべりしていたいが、古い友人を夕食に招待しているのでね。

『ハンニバル』（2001）㉚

最後の古い友人とは、以前に自分を診断しようとしたことがある無能な医師のことを指していて、having an old friend とは実際にその医師を殺して食べるつもりであることをほのめかしています。よく狂った科学者（mad scientist）も悪役として登場しますが、天才と狂気の境界線は非常にあいまいだと言えるでしょう。

善と悪の葛藤

　印象深い悪役は、善と悪の境界線上に位置する人物でもあります。完璧な人間などいないわけですから、冷酷さの中に善の部分や、一瞬の迷いが見えたとき、その悪役が一層魅力的に映るのだと思われます。スター・ウォーズのダースベイダーは、もともとはジェダイの騎士でありながら暗黒面に落ちてしまった人物です。ルークに向かって自分が父親であることを明かすシーンは有名で、悪役とヒーローの関係性を深め、物語にさらなるドラマを生みだしています（『スター・ウォーズ　エピソード5／帝国の逆襲』）。

> Vadar: *If only you knew the power of the dark side. Obi-Wan never told you what happened to your father.*
> Luke: *He told me enough! He told me you killed him.*
> Vadar: *No. I am your father.*
> ダースベイダー：おまえが暗黒面の力を知ってさえいれば。オビ＝ワンはおまえの父親がどうなったのか一度も話していないのか？
> ルーク：必要なことは聞いている！おまえが父さんを殺したと話してくれた。
> ダースベイダー：違う。私がおまえの父親なのだ。

　このシーンでは、まだ息子を暗黒面に引き込もうとしていますが、ダースベイダーは最終的には息子を守ってシスの暗黒卿に対峙し、再び善の側に戻ってきます。その意味では真の悪役とは言えないかもしれませんが、善と悪の攻防を息を飲んで見つめる視聴者の注目を集めるキャラクターとは言えるでしょう。

　一方、悪の部分しか見えない人物では厚みがなく、悪役としての面白味にも欠けるのも事実です。スター・ウォーズのシスの暗黒卿も、狡猾さ、冷酷

さ以外に語るべきことはないキャラクターのように思えます。他にも、ハリー・ポッターシリーズの悪役ヴォルデモートは闇の帝王であり、憎むべき相手ではあるものの薄っぺらな印象はぬぐえません。対立する同級生のドラコ・マルフォイや、悪役とは言えませんが憎まれ役のスネイプ教授の方が強烈な印象を残しています。同じく、ロード・オブ・ザ・リングシリーズの冥王サウロンも実体に乏しく、抽象的なイメージしか湧きません。善と悪の葛藤をそのまま具現化したようなゴラムや、善から悪に落ちてしまったサルマンの方が、強く印象に残ります。最初から最後まで内面の変化や葛藤が乏しく、世界征服のみを目的としているような奥行きのない人物像は、悪役としても魅力に乏しいと言えるでしょう。

悪役としての機械

　AFIの悪役ランキングには、『2001年宇宙の旅(*2001: A Space Odyssey*)』(1968)のHAL 9000や、『ターミネーター2(*Terminator 2: Judgment Day*)』(1991)のT-1000などのコンピューター・機械も含まれています(それぞれ13位、22位)。人工知能(AI)などの人間を超える存在や、未来にはそれらに支配されてしまうかもしれないという漠然とした不安感・恐怖感を表していると言えるでしょう。けれどもAFIの悪役ランキングでは「人間」も20位につけています。『バンビ(*Bambi*)』(1942)で、バンビの母親は射殺されてしまいますが、その犯人は言うまでもなく人間です。最も恐ろしいのは人間だとはよく言われることです。

『2001年 宇宙の旅』(1968) ㉛

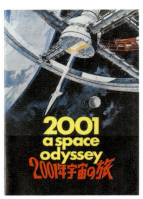

(東宝　パンフレット)

主役としての悪役―悪役の再解釈

スーパーヒーローも複雑化していることはすでに述べましたが、同時に悪役も進化を遂げています。悪役の視点から描かれた作品を見てみましょう。映画ではありませんが、『ウィキッド（*Wicked*）』は、『オズの魔法使い』の悪役、西の悪い魔女の視点で描かれたミュージカルです（2003年ブロードウェイ初公演、2019年映画化決定）。このミュージカルでは、西の悪い魔女エルファバが実は悪い魔女でもなんでもなく、醜く緑色に生まれてきたことで父親からひどい扱いを受け、心に傷を持ちつつ、正しいことをしようとしたヒロインとして描かれています。逆に、北の良い魔女グリンダは、虚栄心に満ち、自己中心的なキャラクターとして描かれています。

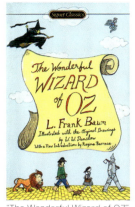
"The Wonderful Wizard of OZ"

悪役が実は虐げられた犠牲者であり、悲劇はその報いだという解釈は、『マレフィセント（*Maleficent*）』（2014）でも使われています。この作品は『眠れる森の美女（*Sleeping Beauty*）』（1959）のもう一つの物語として、悪役マレフィセントの視点から描いたものです。『眠れる森の美女』では、王女の誕生祝いに招待されなかったことを恨んで王女に呪いをかけた、という単純な設定になっています。一方、『マレフィセント』では、恋人であったステファン王の裏切りに対する復讐として王女に呪いをかけるものの、王女を見守り続ける妖精という設定になっています。恋人に裏切られ、翼を奪われた彼女の悲しみは、「真実の愛が現れない限り永遠に眠り続ける呪い」に凝縮されています。真実の愛などないと信じている彼女にとって、この呪いは永遠に解けることのない呪い（curse❖）なのです。けれども、オーロラ姫を自分の娘のように大事に思うようになったマレフィセントは、自分が王女に呪いをかけてしまったことに苦しみます。そしてなんとか王女を守ろうと奔走するものの、結局オーロラ姫は呪い通りに永遠の眠りについてしまうのです。以下は哀しみに暮れるマレフィセントの嘆きです。

> I will not ask your forgiveness because what I have done to you is unforgivable. I was so lost in hatred and revenge. Sweet Aurora, you stole what was left of my heart. And now I have lost you

forever. I swear, no harm will come to you as long as I live. And not a day shall pass that I don't miss your smile.

私のしたことは許されないことだから、あなたの許しは請わないわ。憎しみと復讐にとらわれてしまった。オーロラ姫よ、あなたは私の心を溶かしてくれた。なのにあなたを永遠に失ってしまった。私が生きている限りあなたを守ると誓うわ。そして毎日あなたの笑顔を思い浮かべることでしょう。

☙ REFERENCE

Curse

Curse はスパイダーマンのセリフにも出てきましたが、「呪い、災い」という意味の単語です。動詞にもなり、呪い、災い以外に悪態をつくことも指し、同じ意味で swear という単語も使われています。[call ＋人＋names]は「悪口を言う」という意味です。映画には、規制の多い TV 番組よりも、何かを罵倒する表現がたくさん出てきます。実際に使うことはお勧めできませんが、最低限のことは知っておく必要があるでしょう。

She was cursing the secretary for losing the documents.
彼女は書類をなくした秘書をののしっていた。
I swore under my breath.
私は小声で悪態をついた。
He called me names, so I got angry.
彼が悪口を言ったから、腹が立ったんだ。

　憎しみと復讐からは結局何も生まれず、自らを不幸にするだけであるというメッセージが伝わってきます。けれども、マレフィセントの嬉しい誤算は、オーロラ姫にとって真実の愛(true love➡)は、王子様などではなく、オーロラ姫を心から愛するマレフィセント自身であったこと、そして、そのことによってオーロラ姫にかけられた呪いを解くことができたことです。ヒーローも悪役も簡単には仕分けできないことがオーロラ姫のナレーションに現れています。

So you see, the story is not quite as you were told, and I should know, for I was the one they called "Sleeping Beauty." In the end, my kingdom was united not by a hero or a villain, as legend had predicted, but by one who was both hero and villain. And her name was Maleficent.

というわけで、このお話はおなじみのものとちょっと違うかもしれませんが、私が「眠り姫」と呼ばれた本人なんだから間違いありません。結局、私の王国は伝説の言うようなヒーローや悪役でもなく、その両面を持つ人の力で一つになったのです。彼女の名前はマレフィセントと言いました。

REFERENCE

True love

True love「真実の愛」は、おとぎ話の永遠のテーマです。従来のおとぎ話では真実の愛は誠実な王子様からの愛を受けることを指していましたが、最近では真実の愛は多様化しています。『マレフィセント』では、母のようにオーロラ姫を思う心が真実の愛でしたし、『アナと雪の女王(Frozen)』(2013)では姉を思う妹の愛でした。けれどもシェイクスピアが言うように、真実の愛は一筋縄では得られないようです。

The course of true love never did run smooth.
とかく恋路はままならぬ
(シェイクスピア『真夏の夜の夢』より)

『真夏の夜の夢』

シェイクスピア

Legend

Legend は「伝説、言い伝え」という意味ですが、そこから派生して「伝説的人物」という意味にもなります。最近では日本語でも「野球界のレジェンド」などと影響力が強く、偉大な功績を残している人のことを指して使うようになってきています。映画『アイ・アム・レジェンド（*I am Legend*）』（2007）では、まさに人類の生き残りを賭けて、「地球最後の男」つまりレジェンドとなるかもしれない主人公をウィル・スミスが演じています。

物語の種類には他に myth「神話」、fairly tale「おとぎ話」、allegory もしくは fable, parable と呼ばれる「寓話」（『イソップ物語』が代表例）、folktale「民話、民間説話」などがあります。Saga「サーガ」は北欧の英雄物語で、現在はそれに類する英雄冒険物語もしくは大河小説の意味で使われています。

映画『ディセンダント（*Descendants*）』（2015）も悪役を主人公にした作品です。スーパーヒーローたちが集結したように、ディズニーの悪役の子どもたちが集結してひと騒動を繰り広げます。『眠れる森の美女』マレフィセントの娘マル、『白雪姫（*Snow White and the Seven Dwarfs*）』（1937）の継母の娘イヴィ、『101匹わんちゃん（*One Hundred and One Dalmatians*）』（1961）のクルエラの息子カルロス、

ダルメシアン

『アラジン（*Aladdin*）』（1992）のジャファーの息子がティーンエージャーとして登場するコメディー色が強い作品です。親が「悪」ならば子どもたちも悪であるという偏見は逆差別になることを軽いタッチで伝えてくれる作品です。

他にも、映画化はされていないものの、『ハリー・ポッターと呪いの子（*Harry Potter and the Cursed Child*）』（2016）が舞台化され、ハリー・ポッターの息子アルバスとドラコ・マルフォイの息子スコーピウス (scorpius) の友情が描かれています。この作品でも、やはり悪役の子どもは悪なのか、という問いが投げかけられています。

REFERENCE

Scorpius

スコーピウス(Scorpius)とは『ハリー・ポッターと呪いの子』に登場するドラコ・マルフォイの息子の名前ですが、もともと「さそり座」を意味します。サソリと言えば鋏と毒を持つ危険な生き物というイメージがあり、悪役は最初から暗く、危険なイメージで名づけられていることが多いと言えます。ドラコもラテン語でドラゴンや蛇を意味します。マルフォイはフランス語で mal foi (=bad faith「悪い」「信心」)と解釈できます。Voldemort はやはりフランス語で解釈すると vol de mort (=flight from death「死からの逃亡」)となります。

『眠れる森の美女』の Maleficent も「悪意に満ちた、有害な」という意味です。名前もキャラクターのイメージに大きな影響を与えています。

『スーサイド・スクワッド(*Suicide Squad*)』(2016)は、DC コミックスの実写版映画で、悪役たちを主人公に据えた作品です。スーパーマンの死後、超人(metahuman)という脅威に対してどう対処すべきか苦慮したアメリカ政府は、犯罪者「スーパーヴィラン」たちを特殊部隊として危険な任務につかせるという手段に出ます。やはりこの作品でも、もはやスーパーマンは無条件に歓迎すべきヒーローとして扱われていないことが伝わってきます。

『スーサイド・スクワッド』(2016) ㉜

 Amanda: *You know what the problem is with a metahuman is? The human part. We got lucky with Superman. He shared our values. The next Superman might not.*
 Admiral: *You're playing with fire, Amanda.*
 Amanda: *I'm fighting fire with fire.* ☛
 アマンダ：超人の問題が何かわかります？　人の部分よ。スーパーマンについては幸運だった。私たちと同じ価値観を持っていた

から。でも次のスーパーマンはわからないわ。
将軍：火遊びは危険だ、アマンダ。
アマンダ：火には火をもって戦うだけのことよ。

REFERENCE

Fighting fire with fire

「火には火をもって戦う」、つまり相手の攻撃に対して同じ方法でやり返すことを意味します。日本語の慣用句では「毒をもって毒を制す」がありますが、似たような表現はたくさんあります。Meet evil with evil もそうですし、set a thief to catch a thief「蛇の道は蛇」も同じ意味と言えます。ハンムラビ法典にも、罪を犯したら同等の罰を与えよという意味の an eye for an eye, a tooth for a tooth「目には目を、歯には歯を」があります。このように同じ単語を効果的に繰り返すととても印象深いフレーズになります。

映画のタイトルにもピッタリで、案の定ブルース・ウィリス主演の『ファイアー・ウィズ・ファイアー　炎の誓い (Fire with Fire)』(2012) や、チャック・ノリス主演の『香港コネクション (An Eye for an Eye)』(1981)、サリー・フィールド主演の『レイジング・ブレット　復讐の銃弾 (Eye for an Eye)』(1996) などがありました。

そして、スーパーマンに頼れなくなった彼らがたどりついた結論が、史上最悪のワルたち (worst of the worst) を使って超人を倒す、つまり毒をもって毒を制す計画です。作戦が失敗したら悪人もろとも事件を闇に葬ればよく、国家権力にとってこれほど都合のよい武器はありません。殺し屋のデッドショット、バットマンの敵役ジョーカーの恋人ハーレイ・クイン、火を操るエル・ディアブロらは、首に爆弾を埋め込まれ、有無を言わさず「エンチャントレス」と呼ばれる魔女に立ち向かうことを余儀なくされます。正義感から行動していたわけではない「極悪人チーム」ですが、主人公たちは本当に根っからの悪というわけではなく、逆に彼らを使い捨てのコマのように利用するアマンダのほうが、よほど極悪人ではないかと考えさせられる映画です。ハーレイがアマンダに向かって「あなたって悪魔？」と問いかけ、アマンダがそれを否定しないところが印象的です。

Harley : *Are you the Devil?*
Amanda : *Maybe.*
ハーレイ ： あなたって悪魔？
アマンダ ： そうかもね。

その意味では『レオン（*Léon: The Professional*）』（1994）も、国家的権力を笠に着る悪について考えさせる映画です。プロの殺し屋のレオン、つまり犯罪者を主人公とする映画ですが、本当の悪はレオンではなく、麻薬取締班の刑事でありながら自分の利益のために幼いマチルダの一家を皆殺しにしたスタンフィールドです。マチルダの復讐を手助けしたレオンは犯罪者だとしても、マチルダにとってはかけがえのないヒーローでもあり

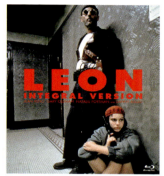

『レオン』（1994）㉝

ます。何が誰にとっての正義で何が悪なのか、ヒーローと悪役の境目はこれからもっとあいまいになっていくと予想されます。

日本のヒーローとの比較

アメリカのヒーロー映画が、勧善懲悪型の単純なストーリー展開から、ヒーローや悪役の内面にもっと踏み込んで描くものに変化してきたことはすでに述べたとおりです。最後に、アメリカ映画を彩るヒーローと悪役たちの章の締めくくりとして、日本的ヒーロー像と対比させながらアメリカ的ヒーロー像について考えてみたいと思います。まず、日本のヒーローと違ってアメリカのヒーローは、最後まで生き残る傾向があることはすでに述べました。ヤマトタケル、源義経、忠臣蔵の赤穂浪士など、日本の歴史的英雄たちの物語は、成功物語というよりは皆最後は死んで幕を閉じる悲劇です。それに比べるとアメリカのヒーローたちは、どんなに相手が大人数でも、銃撃戦をくぐりぬけて生き延びています。この理由として、アメリカのヒーローはアメリカ人にとっての希望であるからだとも述べましたが、フロンティアを開拓して国土を切り開いてきたアメリカ人にとって、敵から家族の身を守ることは最大の使命だったからとも言えるでしょう。

アメリカの銃規制が進まないのも、国家に頼らず自分の身は自分で守る、というアメリカ人の信条によるものです。アメリカのヒーローが個人で行動

するのもその延長線と捉えることもできます。最近はアヴェンジャーなど、ヒーローが集まって行動することもありますが、もともとはスーパーマンもスパイダーマンも基本的には皆一人で敵と対峙していました。一方、日本の場合、軍や集団を率いるリーダーであることが多いようです。ゴレンジャーやガッチャマンのように最初からグループである場合も多く、日本の場合、組織の一員としてのヒーローという位置づけが主流と言えるでしょう。

「仮名手本忠臣蔵　夜討人数ノ内　堀辺弥津兵衛　堀辺弥次兵衛肖像」
歌川国貞　アメリカ議会図書館

　肉体的特徴にも違いがあります。一部を除いてアメリカのヒーローの多くは筋肉隆々でマッチョなイメージです。一方、ウルトラマンも仮面ライダーも、どちらかというと細身で、小柄です。日本は昔から一寸法師のように小さなものが大きなものを倒すことを賞賛する傾向があり、そんな文化的背景にも影響されているのかもしれません。

「秘密戦隊ゴレンジャー」㉞

「科学忍者隊ガッチャマン」㉟

「ウルトラマン」㊱

「仮面ライダー」㊲

とはいえ、日本のヒーローが強靭な肉体を意識していない、というわけでもないようです。人気マンガの『ドラゴンボール』や『One Piece』の主人公たちは、皆修行をして強くなっていきます。ただし、ここで重要なのは身につけた肉体的強さや技ではなく、その精神的成長の過程であるという指摘があります。それに比べるとアメリカのヒーローたちは、最初から力を授けられていることが多く、強さを得るための努力というプロセスにはあまり焦点が当てられていません。

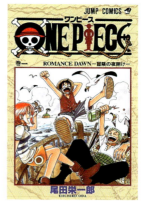

『ONE PIECE』 ©尾田栄一郎/集英社

　変身の位置づけも異なる場合が多いようです。アメリカのスーパーヒーローにとって、変身は自分のアイデンティティを隠すための隠れ蓑であり、能力に変化は起こりませんが、日本のヒーローは、変身することによってのみ力を発揮できる場合が多いと指摘されています。たとえば、仮面ライダーもデビルマンもキューティーハニーもプリキュアも、変身しないことには力が使えないのです。ウルトラマンにいたっては、変身しても3分しかその姿を維持できないという制約までついてきます。縛りの多い日本社会を反映している、と言ったら言い過ぎでしょうか。

「デビルマン」㊳

「キューティーハニー」㊴

「ふたりはプリキュア」㊵

華やかな悪役たち　41

他にも、日本のヒーローにはロボットが多いこと（鉄腕アトム、サイボーグ009、ガンダム等々）や、意外にも女の子がヒーロー役を務めている場合も多いこと（ジブリ映画等）がアメリカの典型的なヒーロー像との違いとしてよく指摘されます。このように、日本のヒーロー像と比較することでアメリカのヒーローの特徴がより鮮明になってくるのではないでしょうか。無論、このような代表例に当てはまらないケースもあります。また互いの文化がそれぞれの映画に影響を与え合ってきてもいます。たとえば、日本文化に大きな影響を受けたといわれるスター・ウォーズでは、主人公は修行を経験し、肉体的なパワーというより精神的なパワーを身につけていきます。また、『トランスフォーマー（*Transformers*）』（2007）などは日本の玩具会社タカラトミーと提携して製作されたロボットをヒーローとする映画です。グローバル化が進む中、アメリカのヒーローも日本のヒーローも、互いに影響を与えながらさらに新しい姿を見せてくれるのではないでしょうか。

「鉄腕アトム」㊶

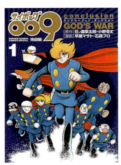

「サイボーグ009」㊷

『機動戦士Zガンダム』㊸

『トランスフォーマー』（2007）㊹

Chapter 2

マザーグース

　マザーグースは、英語圏の人々に親しまれ伝承されてきた童謡で、ナーサリーライム(Nursery rhymes)とも呼ばれています。その名のとおり必ず行末で韻(rhyme)を踏んでいるので、口ずさみやすいのが特徴です。英語圏の子どもたちは、幼いころからマザーグースに親しみ、音の響きあいを楽しみながら英語の語感やリズムを身につけていきます。

　しかし、マザーグースは子どもだけのものではありません。新聞や雑誌、小説や映画でもたくさん引用されているのです。その中でも、映像を伴う映画が一番のオススメ！「映画で学ぶマザーグースの世界」へと、皆さんをご案内しましょう。

Chpater 2 では、「よく引用されるけれども、元ネタを知らなかったら意味がわからない」マザーグースを 10 編厳選して解説します。取り上げるのは、キャラクター唄、子守唄、遊び唄、鬼決め唄、物語唄、積み重ね唄と多岐にわたっています。不思議で可愛くてちょっぴり怖いマザーグースの世界を楽しんでみましょう。

※本稿では、原則としてイギリスの Opie 夫妻編纂の『オックスフォード　ナーサリーライム辞典』 The Oxford Dictionary of Nursery Rhymes (1951) に掲載されている詩句を用いています。

1. *Humpty Dumpty*

キャラクター唄

Humpty Dumpty sat on a wall,
Humpty Dumpty had a great fall.
　　All the king's horses,
　　And all the king's men,
Couldn't put Humpty together again.

　　ハンプティ・ダンプティ　塀の上にすわってた
　　ハンプティ・ダンプティ　おっこちた
　　　　王様の騎兵隊と
　　　　王様のけらい　みんなよっても
　　ハンプティ・ダンプティ　もとにもどせなかった

丸まるとした人をつい「ハンプティ」と呼んでしまう

　このマザーグースは、もともとは「ハンプティ・ダンプティってな〜んだ？」「答えは卵」というなぞなぞでした。ルイス・キャロルの『不思議の国のアリス』の続編『鏡の国のアリス』(1871) によって、なぞなぞであったことが忘れられるほどよく知られるようになりました。そのため、「卵のように丸まると太った人」を見たら「ハンプティ・ダンプティみたい」と言ったりします。

　たとえば、『怪盗グルーのミニオン危機一発（*Despicable Me 2*）』(2013) では、小太り丸顔で頭のはげた怪盗グルーは、引き取った孤児の三姉妹に「ハンプティ・ダンプティに似ている」と言われていました。

　　　　MARGO: *Hey, what celebrity do you look like?*
　　　　　　　ねぇ、どの有名人に自分が似てると思ってる？
　　　　　GRU: *Bruce Willis.*
　　　　　　　ブルース・ウィリス。
　　　　MARGO: *No.*
　　　　　　　んー、違うわね。
　　　　AGNES: *Humpty Dumpty !*
　　　　　　　ハンプティ・ダンプティ！

『怪盗グルーのミニオン危機一発』(2013) ㊺

確かに頭がつるつるの怪盗グルーはハンプティ・ダンプティに似ていますが、卵みたいなミニオンたちもハンプティに似ているような気がしませんか。

> **Try it!**
>
> 小柄で少し太めのお父さん、髪の毛も薄くなってきました。友だちにお父さんの容貌を説明するときに、自嘲気味にこんな風に言うことができます。
>
> My father is short and chubby and worried about going bald. Well, he looks like Humpty Dumpty.
> お父さんは背が低くてぽっちゃり、髪の毛が薄くなっているのを気にしているの。見た目がハンプティ・ダンプティみたいなの。

ハンプティで「非常に危ない状態」を説明

　塀の上にいるハンプティ・ダンプティは、とても危険です。だって、塀の上に卵なんて！　だから「非常に危なっかしい状態」を見たら「ハンプティ・ダンプティみたい」と言ったりします。

『ミッション：インポッシブル 3』(2006) ㊻

　たとえば、映画『ミッション：インポッシブル 3 (*Mission: Impossible III*)』(2006)では、トム・クルーズ扮するイーサン・ハントがバチカンの高い塀に登り、"Humpty Dumpty sat on a wall" とつぶやきます。「高い塀の上に乗って危険な状況」のイーサン・ハントは、まさにハンプティそのものでした。

　また、何かと話題のアメリカのトランプ大統領は、ネット上で Humpty Trumpty とか Trumpty Dumpty などと揶揄されていて、大統領に反対する人々のプラカードにはこう書いてありました。

　Humpty Trumpty wanted a wall,
　Humpty Trumpty get ready to fall.
　（注：gets となっていないのは命令文のため。）

1. Humpty Dumpty　47

選挙戦で"I will build a great, great wall on our southern border."と演説したトランプ大統領を、Hump と Trump で韻を踏み、塀の上のハンプティ・ダンプティに喩えるのは、当然なのかもしれません。

> **Try it!**
> 高い塀や大きな岩の上など、不安定なところに登ったら
>   Humpty Dumpty sat on a wall.
>
> もし、高い所から落ちたら
>   Humpty Dumpty had a great fall.
> と言ってみましょう！

どうやっても元に戻せない

卵が塀から落ちて割れてしまうと、どうやっても元に戻すことはできません。したがって、「壊れて元に戻すのが不可能なもの」を見たときに、"All the king's horses and all the king's men" を主語にして、「そんなことは不可能だ」ということを表現したりします。たとえば、TV 映画『ブルース・パーティントン設計書（*The Bruce-Partington Plans*）』（1988）で、シャーロック・ホームズは king を queen に変えてこうつぶやきます。

> All the queen's horses and all the queen's men cannot avail in this matter.
> 女王様の騎兵隊と女王様の家来、みんなよってたかってもこの事件の解決は無理だ。

このひとことで、事件の解決が非常に難しいことを表わしています。

アメリカの作家ロバート・ペン・ウォーレンの小説『すべて王の臣』では、州知事になった主人公が政治の駆け引きのなかで堕落（fall）していくさまを描いています。*All the King's Men* というタイトルで、主人公の落ちていく運命を暗示していました。この小説は、1949 年と 2006 年の 2 度にわたって映画化され、そのときの邦題は 2 作品とも『オール・ザ・キングスメン』でした。ウォーターゲート事件を扱った映画『大統領の陰謀』（1976）のタイトルは、*All the President's Men*。大統領の側近がどれだけもみ消し工作をしても、失脚したニクソン大統領を元に戻せない、ということだと、もうわかりますよね。

『オール・ザ・キングスメン』（2006）㊼　　『大統領の陰謀』（1976）㊽

> **Try it!**
>
> 　大事な服にソースをポタッとこぼしてしまいました。そんな時はこう言ってみましょう。
>
> Oh My God! All the king's horses and all the king's men can't remove this stain.
> 　なんてこった！　王様の騎兵隊と家来でもこのシミは消せないぞ！

2. *Tweedledum and Tweedledee* キャラクター唄

Tweedledum and Tweedledee
    Agreed to have a battle,
For Tweedledum said Tweedledee
    Had spoiled his nice new rattle.
Just then flew by a monstrous crow,
    As big as a tar-barrel,
Which frightened both the heroes so,
    They quite forgot their quarrel.

    トゥイードゥルダムとトゥイードゥルディー
      喧嘩することにした
    トゥイードゥルダムが　言うには
      「トゥイードゥルディーが
        まっさらのガラガラ　こわしちゃった」
    ちょうど　飛んできたのは
      タールの樽くらい　大きなカラス
    いさましい二人も　びっくりぎょうてん
      喧嘩なんか　すっかり忘れちゃった

詩とマザーグース、どっちが先？

この唄の起源は、少なくとも 18 世紀前期にまでさかのぼることができます。賛美歌作者のジョン・バイロム（John Byrom）が、tweedle というバイオリンの音色を使って、音楽家同士の対立を表わした詩が唄の元となったと考えられています。その六行詩の最後の 2 行です。

Strange all this difference should be
'Twixt tweedle-dum and tweedle-dee!
あら不思議　トゥイードゥルダムと
トゥイードゥルディーが　そんなに違うとは

（注 'twixt は betwixt の短縮形で between と同義。詩などで用いられる古い言い方。）

ただし、古くからあったマザーグースを元にバイロムがこの六行詩を作ったという可能性も考えられます。

鏡の国のダムとディー

「ダムとディーって、『アリス』に出てくる双子じゃなかったかしら？」こう思われる方も多いでしょう。しかし、実はこの双子も「ハンプティ・ダンプティ」や「ハートの女王」と同じように、ルイス・キャロルお得意の「マザーグースからの引用キャラクター」だったのです。

ハートの女王

『鏡の国のアリス』の第 4 章で、アリスは森の中で双子に出会います。唄の詩句どおり、双子はガラガラ（rattle）をめぐって喧嘩を始め、なんとか喧嘩をやめさせようと取りなすアリスに、ダムは「ぼくたちは戦わなきゃならないんだ」と答えます。まるで、唄の内容どおり戦わなければ気がすまないとでもいうように…。

"And all about a rattle !" said Alice, still hoping to make them a little ashamed of fighting for such a trifle.
"I shouldn't have minded it so much," said Tweedledum, "if it hadn't been a new one."
"I wish the monstrous crow would come !" thought Alice.

「ガラガラひとつでねえ！」そんなつまらないものをめぐって戦うなんて、恥ずかしいとちょっとは思わないかしら、と期待してアリスは言ってみました。

「もしあれが新品でなかったら、これほど気にしなかったさ」とトゥイードゥルダムが答えました。

「例の大きなカラスが飛んできたらいいのに」とアリスは思いました。

　すると突然、本当に大きなカラスが現れ、ダムは"It's the crow !"と、驚きの声をあげます。アリスもダムも不定冠詞ではなく定冠詞つきで the crow と言っていることに、注目！　カラスに出会うことは双子にとって避けられない運命だったのです。鏡の国に迷い込んだ幼い読者は、アリスと一緒にハラハラしながらも、最後に双子がカラスを見て逃げ出すのを確認して、「ああ、やっぱりマザーグースと同じだわ」と安心するのです。

新品のガラガラを壊されて叫ぶトゥイードゥルダム

喧嘩の準備をアリスに手伝ってもらう双子

ジョニー・デップ主演の『アリス』でも…

ティム・バートン監督の『アリス・イン・ワンダーランド (*Alice in Wonderland*)』(2010)は、『不思議の国のアリス』と『鏡の国のアリス』を基に、19歳に成長したアリスの新たな冒険を描き出したファンタジー映画です。映画には、トゥイードゥルダムとトゥイードゥルディーも登場して、二人で喧嘩ばかりしていました。アリスがキノコの森に迷い込んだ場面を見てみましょう。

ALICE: *And who are you, if I might ask?*
あなたたちは誰か、尋ねても良いかしら。
TWEEDLEDEE: *Oh, I'm Tweedledee, he's Tweedledum.*
ボクはトゥイードゥルディーで、彼はトゥイードゥルダム。
TWEEDLEDUM: *Contrariwise. I'm Tweedledum, he's Tweedledee.*
逆だよ。ボクがトゥイードゥルダムで、彼がトゥイードゥルディー。

ダムとディーは競い合うように自己紹介をしています。"Contrariwise"（逆に）は双子の口癖なのか、ルイス・キャロルの原作にも何度か使われています。映画の中でも、マザーグースと同じように喧嘩早いキャラクターとして描かれていて、何度も小競り合いをしていました。帽子屋マッドハッターを演じたジョニー・デップは、この二人がお気に入りだったようで、メイキング映像のインタビューで「ダムとディーが、原作で一番好きなキャラクターだ」と述べていました。

姿かたちが似ていなくても…

『刑事コロンボ』シリーズの最高傑作の一つ『別れのワイン (*Any Old Port in a Storm*)』(1973)のノベライズ版にも、ダムとディーが引用されていました。ワイン醸造会社社長カシーニ（ドナルド・プレザンス）の義弟の事故死に疑問を持ったコロンボは、カシーニに疑いの目を向けます。カシーニ邸に滞在していたスタインとファルコンに質問しているシーンです。

He went on, "Were you always with Mr. Carsini ?" Stein nodded. "Yes," he said. "He never left the room?" "No," said Falcon. It was, reflected Columbo, as he glanced from one to the other, rather like interrogating Tweedledum and Tweedledee.

コロンボは続けて尋ねた。「あなたは、カシーニ氏とずっと一緒でしたか？」スタインはうなずいて、「はい」と答えた。「氏は部屋を出ませんでしたか？」ファルコンも「はい」と答えた。まるで、トゥイードゥルダムとトゥイードゥルディーを尋問しているみたいだ、と二人を見つめながらコロンボは思った。

"Tweedledum and Tweedledee"は「似たもの同士」という意味で、見た目が違っていても、意見や考え方が似ているときにも用いられます。痩せたスタインと小太りのファルコンでは体型は違っていたのですが、二人の似たり寄ったりの答えを聞いて、コロンボはダムとディーを連想したというわけです。

『刑事コロンボ』(1973) ㊾

トランプとヒラリーは、どっちもどっち？

2016年に行われたアメリカ合衆国大統領選挙では、共和党候補ドナルド・トランプが民主党候補ヒラリー・クリントンを、大接戦の末破りましたが、その選挙中に二人は何度もトゥイードゥルダムとトゥイードゥルディーに喩えられていました。大統領選直後に出版された *American Government and Politics Today* (2016) を見てみましょう。

昨年の米大統領選のテレビ討論会で、発言するクリントン氏に背後から近づくトランプ氏＝米中西部ミズーリ州で2016年10月9日、ロイター

毎日新聞　2017年8月24日

Sometimes American political parties are likened to Tweedledee and Tweedledum, the twins in Lewis Carroll's *Through the Looking-Glass*. Third party advocates have an interest in claiming that no difference exists between the two major parties—their chances of gaining support are much greater if the major parties are seen as indistinguishable. Despite such allegations, 2016 Presidential Election Results Donald Trump won 306 electoral votes Hillary Clinton won 232 electoral votes.

アメリカの政党は、時としてルイス・キャロルの『鏡の国のアリス』の双子、トゥイードゥルディーとトゥイードゥルダムに喩えられる。第三の党の支持者が「二大政党に差異はない」と主張するのは、二大政党が大差ないことが明らかになると自分たちが支持を獲得する可能性がずっと大きくなるからだ。そのような主張にもかかわらず、2016年の大統領選挙の結果、ドナルド・トランプ氏が獲得した選挙人は306、ヒラリー・クリントン氏は232であった。

得票数ではクリントンがトランプを上回っていましたが、選挙人獲得数ではトランプが上回っていたので彼の勝利が確定しました。得票数で対立候補を下回った候補が選挙人獲得数により大統領に指名されるのは、ジョージ・W・ブッシュがアル・ゴアを破った2000年の大統領選以来16年ぶりなのですが、当時も「ブッシュとゴアの政策には大した違いがない」という意味で、二人はダムとディーに喩えられていました。

Try it!

"like Tweedledum and Tweedledee" は「似たり寄ったり」「ドングリの背比べ」「どっちもどっちで大差ない」といったニュアンスで用いられます。

A: I'm thinking about playiing tennis or playing badminton in P.E. class.
体育でテニスにするかバドミントンにするか思案中なの。
B: To me, playing tennis and playing badminton are just like Tweedledum and Tweedledee.
ボクにとっては、テニスもバドミントンも似たり寄ったりだよ。

3. Hush-a-Bye, Baby

子守唄

Hush-a-bye, baby, on the tree top,
When the wind blows the cradle will rock;
When the bough breaks the cradle will fall,
Down will come baby, cradle, and all.

　　ねんねんころりよ　こずえのうえで
　　風がふいたら　ゆりかごゆれる
　　枝がおれたら　ゆりかごおちる
　　あかちゃん　ゆりかご　みんなおちる

木の上に赤ちゃん？

木の枝にゆりかごをつるすなんて、とても危険ですね。昔、メイフラワー号でアメリカへ渡った移住者が、枝に樹皮のゆりかごをぶら下げていたインディアンの風習を見てこの唄を作ったというのが由来だそうです。

赤ちゃんが木から落ちてしまうというのは不吉に思えますが、このような「おどかし型」の子守唄は日本にもあります。岩波文庫の『わらべうた』には、「寝ンねば山がらもッコ（おばけ）ァ来るァね」（青森）、「起きたらお鷹にさらわれる」（福島）、「起きて泣く子の面憎さ」といった唄が収録されています。赤ん坊を怖がらせる文句を織り込んだという点では、マザーグースに通じるところがありますね。

赤ちゃんに歌ってあげる唄

このマザーグースはとても有名な子守唄で、ルイス・キャロルの『鏡の国のアリス』では、赤の女王が"Hush-a-bye lady, in Alice's lap !"と歌って白の女王を寝かしつけようとしていました。

アリスに身だしなみを整えてもらう白の女王

アリスと赤の女王

白の女王を眠らせるつもりだったのに一緒に寝てしまった赤の女王。困り果てたアリス。

映画の中でも数多く引用されています。赤ちゃんが登場する場面に流れるBGMはたいていこの唄で、『ジュラシック・パーク(*Jurassic Park*)』(1993)では恐竜の赤ちゃんが誕生するとき、ディズニーの『ダンボ(*Dumbo*)』(1941)ではコウノトリが赤ちゃん象ダンボを母象に届ける場面、『花嫁のパパ2(*Father of the Bride Part II*)』(1995)ではbaby shower(出産前に妊婦を祝うパーティー)でコウノトリが出てくる場面、『アダムス・ファミリー2(*Adams Family Values*)』(1993)では赤ちゃんのアップのシーン、『ネバーエンディング・ストーリー3(*The NeverEnding Story III: Escape from Fantasia*)』(1994)ではロック・ベイビーを少年がかくまう場面で、この唄のメロディが流れていました。

『ジュラシック・パーク』(1993) (50)

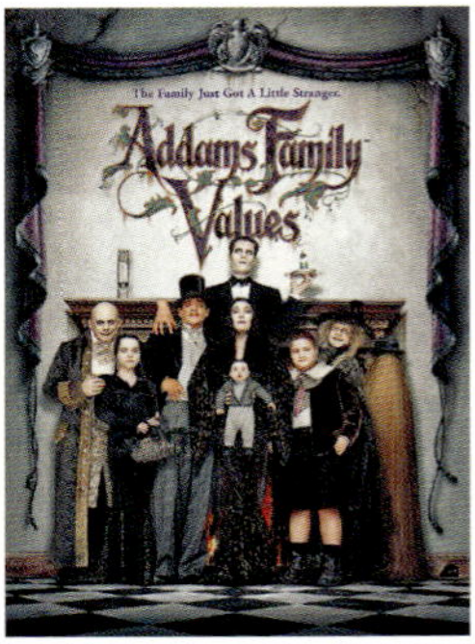

『アダムス・ファミリー2』(1993) (51)

なお、唄の出だしはイギリスではHush-a-byeですが、アメリカではRock-a-byeと歌われます。hushは「静かにさせる、寝かしつける」という意味、byeは「おねんね」の幼児語、rockは「ゆっくり揺らす、揺れる」という意味です。確かに、ロッキングチェアーはゆっくり揺れる椅子ですよね。

> **Try it!**
>
> 学校で授業中、会社で仕事中、誰かがウトウトし始めたら小さな声でこうつぶやいてみましょう。
>
> Hush-a-bye, baby. Hush-a-bye, baby...
> ねんねんころりよ、ねんころり。

「風」が指すものは？

　イギリスの作家レイモンド・ブリッグズ（Raymond Briggs）の絵本を読んだことがありますか。『さむがりやのサンタ（*Father Christmas*）』、『スノーマン（*The Snowman*）』、『風が吹くとき』などが有名です。『風が吹くとき』のストーリーは以下のとおりです。ロンドン郊外で老夫婦がのんびり年金生活を送っていました。ところが、戦争が始まり、核爆弾が爆発します。二人は簡易シェルターの中で政府の援助を待つのですが、しだいに弱っていきます…。

『風が吹くとき』(あすなろ書房)

　『風が吹くとき（*When the Wind Blows*）』（1982）のタイトルが、この子守唄の2行目の引用です。「風が吹く」とは核爆弾の爆風が吹くということで、核爆弾が爆発し、「赤ちゃん」（人間）も「ゆりかご」（地球）も「みんな落ちる」（破滅してしまう）ということを、見事に表わしています。この絵本は1986年にアニメ映画化され、デビッド・ボウイが同じタイトルの主題歌を歌いました。

「枝」が指すものは？

『サロゲート　危険な誘い（*When the Bough Breaks*）』(2016) は、子どもができずに代理出産を依頼した裕福な夫婦が、代理母になった若い妊婦に振り回されるサスペンス映画です。*Hush-a-Bye, Baby* を聞いて育った英語圏の人なら、*When the Bough Breaks* というタイトルを見ただけで、「赤ちゃん」に関係する内容であること、そして「枝が折れたら」(代理母が狂気に陥ったら)「赤ちゃんが木から落ちてしまう」(赤ちゃんが危険な状況に陥ってしまう)ということを感じ取ることができます。しか

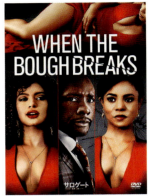

『サロゲート　危険な誘い』(2016) ㊷

し、日本でのタイトルは『サロゲート　危険な誘い』。代理母(surrogate mother)が夫を誘惑しようとする映画なので、この邦題に落ち着いたのでしょう。もし直訳して『枝が折れたら』という邦題だったら、映画の内容をまったく想像できなかったかもしれませんよね。

「ゆりかご」が指すものは？

『セント・オブ・ウーマン（*Scent of a Woman*）』(1992) は、盲目の軍人を演じたアル・パチーノがアカデミー主演男優賞を取った作品です。名門高校を批判するアル・パチーノのセリフはこうです。

> I heard those words, "Cradle of leadership." Well, when the bough breaks, the cradle will fall. And it has fallen here. It has fallen.

『セント・オブ・ウーマン』(1992) ㊸

こういう言葉を聞いた。ここは「指導者の育成校」だそうだ。「枝が折れたらゆりかごが落ちる」というが、ここではもうすでに落ちてしまっている。

ここでは、「ゆりかご」は学校、「枝」は高校の教師を指しています。「教師がまともでなければ正しい教育はなされない」ということを、この子守唄の一節を使って訴えているのです。

4. Rub-a-Dub-Dub

遊び唄

Rub-a-dub-dub,
Three men in a tub,
And how do you think they got there?
The butcher, the baker,
the candlestick-maker,
They all jumped out of a rotten potato,
'Twas enough to make a man stare.

　ラバ　ダブ　ダブ
　三人おとこが　桶のなか
　どうやって　はいったんだろう
　肉屋に　パン屋に
　ロウソク屋
　みんな　くさったジャガイモから　とびだした
　おどろいたのも　むりはない

桶の中の三人男

　桶の中に三人の男が入っているという発想がおもしろく、人気のある唄です。しかし、もともとは三人の男がいかがわしい見せ物小屋にいるところをからかって歌った、大人の戯れ唄であったようです。なぜジャガイモの中から三人が飛び出したのかは不明ですが、マザーグースの唄の中には *Peter, Peter, Pumpkin Eater* のように「カボチャの中に奥さんを囲ったピーター」もいます。ジャガイモやカボチャの中に人間が入るなんてありえないのですが、このような奇想天外なナンセンスソングは、純粋に音の響きと唄のリズムを楽しむことをオススメします。

　語句の説明をしておきましょう。ロウソク屋 candlestick-maker はロウソク立て（燭台）を作る職人です。昔は肉屋、パン屋に並ぶありふれた職業だったのでしょうが、今ではあまり見かけません。'Twas は It was の短縮形で、詩などでリズムを整えるために用いられ、ゴスペルソングの『アメイジング・グレイス（*Amazing Grace*）』の歌詞でも使われています。

Try it!

　定員8人のエレベーターが満員になった時にはこのように言ってみましょう。

Rub-a-dub-dub, eight people in a elevater.
（注：何人でもいいので、人が一杯になったら使ってみましょう）

お風呂でゴシゴシこするときに歌う唄

　Rub-a-dub-dub は桶をたたく音と解釈できます。rub（こする）、dub（たたく）、tub（桶、バスタブ）の韻が、声に出してみるととてもリズミカルで楽しい唄です。ブラシでゴシゴシこする擬音は、Scrub-a-dub や Rub-a-dub-dub などと表現され、この唄は子どもをお風呂に入れてゴシゴシこするときなどによく歌われています。アメリカには"A Dub Dub Dog Glooming"と
いう犬のシャンプー専門店があります。きっとお店の人は、この唄を歌いながらグルーミングをしているのでしょうね。

「肉屋とパン屋」で何を表わす？

映画を見ていると「肉屋とパン屋とロウソク屋」が出てくることがあります。オードリー・ヘップバーン主演の『昼下りの情事(Love in the Afternoon)』(1957)の冒頭のナレーションはこうです。「ロウソク屋」が「葬儀屋」になっているのは、現代にロウソク屋があまりないからでしょうね。

In Paris, people make love. ... They do it any time any place. On the left bank, on the right bank, and in-between. They do it by day and they do it by night. The butcher, the baker, and the friendly undertaker.

パリでは、人々は恋をします。(中略)いつでもどこでも、左岸でも右岸でもそして川の上でも。昼でも夜でも。肉屋もパン屋も、そして人の好い葬儀屋も。

イギリスの作家ジェーン・オースティン(Jane Austen)の『分別と多感(Sense and Sensibility)』の同名の映画『いつか晴れた日に』(1995)では、詮索好きなジェニングス婦人が、エマ・トンプソン扮するエリノア・ダッシュウッドにこう問いかけていました。

What sort of man is he, Miss Dashwood? Is he a butcher, baker, candlestick maker?
どんな方なの？ ダッシュウッドさん。肉屋、パン屋、それともロウソク屋？

『昼下りの情事』(1957) ⑤④

4. Rub-a-Dub-Dub

アガサ・クリスティ(Agatha Christie)原作『白昼の悪魔(*Evil under the Sun*)』の同名の映画『地中海殺人事件』(1982)では、女性が泥棒を捕まえた顛末をこう語っていました。ここでは「ロウソク屋」ではなく「靴の修繕屋」になっています。

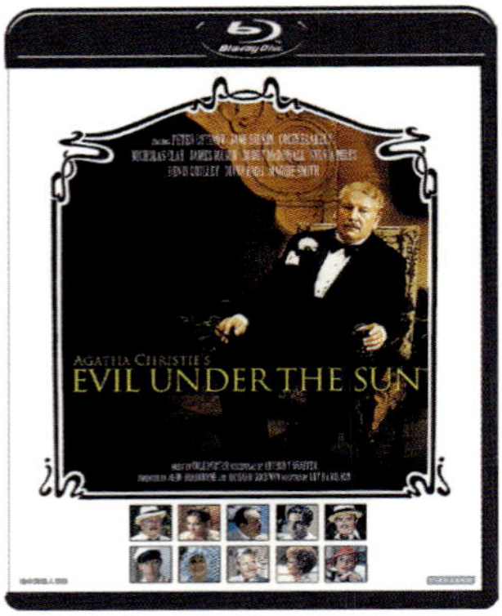

『地中海殺人事件』(1982) (55)

> I chased him past the grocer's, and the butcher's, and the baker's.
> I finally caught him by the cobbler's.
> 後を追いかけて八百屋と肉屋とパン屋の前を通り過ぎて、靴の修繕屋のところでやっと捕まえたの。

このように、職業を列挙するときに“the butcher, the baker, the candlestick maker”というフレーズがよく用いられます。「さまざまな職業の例」として用いられたり、世の中すべての「あらゆる職業の人々」を意味したりします。たとえば、『いつか晴れた日に』や『地中海殺人事件』では「さまざまな職業の例」として用いられ、『昼下がりの情事』ではパリの空の下の「あらゆる職業の人々」として用いられています。いずれにしても、このマザーグースを知らなかったら、「なぜここに突然、肉屋とパン屋とロウソク屋が出てくるのだろうか」と頭を悩ますことになるでしょう。

Try it!

At the party, I met a lot of people such as the butcher, the baker and the police officer.

パーティーでたくさんの人に会ったよ。あらゆる職業の人たちに。
(注:police officer のところには、職業名を入れましょう。)

5. *Ring-a-Ring o'Roses*

輪遊び唄

Ring-a-ring o'roses,
A pocket full of posies,
A-tishoo! A-tishoo!
We all fall down.

　ばらの花輪を　つくりましょう
　ポケットに　はなたばいっぱい
　　はくしょん　はくしょん
　みんないっしょに　ころびましょう

> 唄に隠された悲惨な過去

　よく知られた遊び唄で、子どもたちが手をつないで輪になってスキップしながらぐるぐる回り、「はくしょん」のところでいっせいにしゃがみこんでしりもちをつく、という遊び方をします。唄の1行目は、イギリスでは"Ring-a-ring o'roses"ですが、アメリカでは"Ring-around-the-rosy"と歌われています。o'roses は of roses の短縮形、posies は posy（=bouquet）の複数形で「小さな花束」という意味です。

ハクションでしりもち

イームの観光パンフレット

　この無邪気な遊び唄に悲惨な過去が歌い込まれている、という説があります。10万人が亡くなったと言われている1665年のイギリスでのペスト禍（the Great Plague）を歌ったものだというのです。唄の1行目の「ばら」が「ばら色の発疹」、つまりペストの兆候で、2行目の「ポケットの花束」がペストを防ぐための薬草、3行目の「くしゃみ」は末期症状で、最後に「皆倒れて」死んでしまった、という解釈です。

　イギリス中部ダービーシャーのイーム（Eyam）という小さな村で、ペスト罹災者を弔う特別礼拝が毎年行なわれています。1965年、ロンドンで猛威を振るったペ

ストは、遠く離れたイームまで飛び火しました。村人と牧師たちは、ペストが他の地域にうつらないように自分たちの村を隔離しました。このような彼らの自己犠牲をたたえ、1905 年から 110 年以上、毎年夏に特別礼拝が行なわれていますが、その礼拝で Ring-a-Ring o'Roses の唄が英国国教会主教（高位聖職）によって唱えられたこともありました。イームの観光パンフレットにも、この唄がバラの花輪のイラストと共に掲載されています。

　一方で、マザーグース研究家であるオーピー夫妻は *The Singing Game* (1985) の中で「Ring-a-ring o'roses の唄の起源は『ペスト禍』ではなく『五月祭』だろう」と述べています。フランス、イタリア、ドイツ、スイスといったヨーロッパ各地に、ばらの花が出てくる「輪遊び唄」が伝わっているので、"ring-a-ring o'roses" は「ばら色の発疹」ではなく「五月祭で飾られたばらの花輪の名残り」だと指摘しています。

輪遊び唄で運命を暗示

　トム・クルーズ主演の大ヒット映画『ミッション：インポッシブル 2（*Mission:Impossible 2*）』(2000) で子どもたちが歌っていたのもこの唄です。映画の冒頭、ネコルヴィッチ博士が殺人ウィルスの入ったカバンを手に、研究所から出てくる場面です。

> CHILDREN: *Ring around the roses, a pocket full of posies, ashes, ashes, they all fall down.*
> ポケットいっぱいのバラの花束。ぜんぶ灰になって散っちゃった。

『ミッション：インポッシブル 2』(2000)

元唄のように"we all fall down"ではなく、"they all fall down"と変えているのは、博士の乗った飛行機が墜落（fall down）して灰（ashes）になってしまう、という運命を暗示するためだと思われます。子どもたちはまるで喪服のような灰色の服を着て、輪になって遊んでいました。

輪遊び唄みたいに、ぐるぐると堂々めぐり

　ディズニーアニメの『101匹わんちゃん（*101 Dalmatians*）』(1961)にも、この唄の一節が出てきていました。ダルメシアンの子犬の毛でコートを仕立てようとしたクルエラは、手下を使ってロンドン中の子犬を誘拐させます。逃げ出した子犬たちを部屋に追いつめ、捕まえようとする手下のジャスパーとホリスの会話です。

>　JASPER: *Shut the door, Horace. We'll close in on'em. I've had enough of this ring-around-the-rosy.*
>　ドアを閉めろ、ホリス。追いつめたぞ。追いかけっこは、もうこりごりだ。

　ここでは、子犬を追い回す様子を"ring-around-the-rosy"と言っています。子犬たちは狭い部屋の中をぐるぐると逃げ回り、それを追いかける二人は目が回っているようでした。

ダルメシアン（クロアチア原産の家庭犬）

ディズニー映画の『ピーター・パン(*Peter Pan*)』(1953)の海賊のセリフにも、この唄がでてきます。フック船長の一番弟子スミーと海賊たちの会話です。なお、2003年に実写化された『ピーター・パン』にも、同じセリフがありました。

   SMEE: *Good morning, shipmates!*
       おはよう、みなさん！
  PIRATE #1: *What's good about it, Mr.Smee?*
       どうしたんだい、スミー？
  PIRATE #2: *Here we are collecting barnacles on this miserable island.*
       このちっぽけな島で俺たちはフジツボを取っている。
  PIRATE #3: *While his nibs plays ring-around-the-rosy with Peter Pan.*
       船長どのがピーター・パンを追いかけ回しているあいだに。
（注：his nibs は「お偉いさん」という意味で、船長のこと。単数扱い。）

　"Plays ring-around-the-rosy" という表現は、ここでは「追いかけ回す」という意味ですが、ぐるぐる回るという遊び方から転じて「(議論や話の筋などが)堂々めぐりをする」といった意味で使われることがあるので、覚えておきたいものです。

『ピーター・パン』(2003) 57

5. Ring-a-Ring o'Roses

Try it!

　会議で議論が行き詰まって、話が堂々めぐり。そんなとき、こんな風に言ってみましょう。

　We are playing ring-around-the-rosy for more than an hour. Let's take five !
　1時間以上も話が堂々めぐり。ちょっと休憩しようよ！

　Take five は take a five-minute break（5分間休憩を取る）を略した言い方です。

6. What are Little Boys Made of?

遊び唄

What are little boys made of?
What are little boys made of?
　Frogs and snails
　And puppy-dogs' tails,
That's what little boys are made of.

What are little girls made of?
What are little girls made of?
　Sugar and spice
　And all that's nice,
That's what little girls are made of.

　　男の子って　何でできてる？
　　男の子って　何でできてる？
　　　カエルに　カタツムリ
　　　こいぬのしっぽ
　　男の子って　そんなもんで　できてるのよ

　　女の子って　何でできてる？
　　女の子って　何でできてる？
　　　おさとうに　スパイス
　　　すてきなもの　ぜんぶ
　　女の子って　そんなもんで　できてるのよ

男の子、女の子

　男の子の成分が「カエル、カタツムリ、子犬のしっぽ」なのに、女の子の成分は「砂糖、スパイス、素敵なもの全部」。当然、男の子よりも女の子に好まれるマザーグースで、この唄を歌って女の子が男の子をからかったりするようです。「素敵なもの全部」は、"all that's nice" や "all things nice" などさまざまなバージョンがありますが、アメリカでは everything nice が一般的なようです。男の子の成分が frogs の代わりに snips (ぼろ切れ、チョキンと切った切れ端)になったバージョンもよく知られています。

　アメリカのＴＶシリーズ『新スタートレック (*Star Trek : The Next Generation*)』(1987-1994) にも、このマザーグースの一節が登場します。『スタートレック』はアメリカだけでなく多くの国にファンがいて、熱心なファンのことをトレッキー (Trekkie) と呼びます。

　それでは、第 117 話「両性具有ジェナイ星人 (The Outcast)」(1992) を見てみましょう。エンタープライズ号のライカーとジェナイ星人の飛行士ソランの会話です。ジェナイ星では男女の性別が存在しない、という設定です。

RIKER: *It's hard to grasp the idea of no gender.*
性別が存在しないということを理解するのが難しいよ。

SOREN: *It's just as hard for us to understand the strange division in your species. Males and females. You are male. Tell me about males. What is it that makes you different from females?*
私たちには、あなたたち地球人の奇妙な性別が理解できないわ。男と女。あなたは男性ね。男性について教えて。女性とはどう違うの？

RIKER: *Snips and snails and puppy-dog tails?*
ぼろ切れにカタツムリ、子犬のしっぽ。

SOREN: *You have a dog's tail?*
あなたには子犬のしっぽがついているの？

RIKER: *It's an old nursery rhyme. Girls are made from sugar and spice, and boys are made from snips and snails.*
古いマザーグースだ。女の子はお砂糖とスパイス、男の子はぼろ切れとカタツムリでできているのさ。

SOREN: *That makes it sound better to be female.*
女の子のほうが良さそうね。

惑星連邦の宇宙艦隊士官ライカーはアラスカ生まれの地球人。マザーグースを聞いて育ったのでしょう。唄を知らないジェナイ星人のソランに解説していますが、ソランが男女の違いを正しく理解できたかは大いに疑問です。なお、オリジナルのマザーグースでは"be made of"（成分）なのに、ライカーのセリフでは"be made from"（原材料）となっているのは、おそらく意図的なものでしょう。男女の概念が理解できないソランに、「お砂糖とスパイス」、「ぼろ切れとカタツムリ」といった「原材料」を、ライカーは半分ふざけて教えたようです。マザーグースからの引用は、一字一句同じ表現ではなく、状況に応じて字句が変えられています。

パワーパフガールズ

　アメリカのカートゥーンネットワーク配信のアニメ新シリーズ『パワーパフガールズ(*The Powerpuff Girls*)』(1998)は、日本でも女の子に人気のキャラクターです(日本では 2001 年〜放送)。パワー抜群の三人の可愛い幼稚園児が、町を守るために悪と戦うというストーリーです。毎回のオープニングは、このナレーションで始まります。

『パワーパフ ガールズ』58

> Sugar, spice and everything nice. These were the ingredients chosen to create a perfect little girl. But Professor Utonium accidentally added an extra ingredient to the concoction — Chemical X ! Thus the Powerpuff Girls were born !
>
> お砂糖、スパイス、素敵なものをいっぱい。全部まぜると、めっちゃかわいい女の子ができるはずだった。だけどユートニウム博士は間違ってよけいなものも入れちゃった！　それは、ケミカルＸ！そして生まれた超強力三人娘。

　科学者のユートニウム博士は、「砂糖とスパイス、素敵なものいっぱい」を混ぜて、可愛い女の子を作ろうとしました。しかし、間違って謎の

薬品「ケミカルX」を入れてしまい、生まれたのが三人娘ブロッサム、バブルス、バターカップです。ちなみに、正確なレシピは、砂糖8カップ、スパイスひとつまみ、素敵なもの大さじ一杯、そしてケミカルX、ということです。

第12話「強敵あらわるボーイズ軍団」では、悪者モジョが三人のスーパーパワーボーイズを作り出していました。成分は、もちろん"snips and snails and a puppy dog tail"ですが、ケミカルXの代わりに、なんと「トイレの汚水」を混ぜていました！

Try it!

Sugar and spice は、「女の子の素敵な性質」という意味で用いられます。優しく可愛い女の子の友だちにこう言ってみましょう。

You are nice！ You are like sugar and spice！
あなたは本当に素敵な女の子！

男の子にはこんな形容もできます。お酒好きの自分の彼氏のことが話題になったとき、こうつぶやいてみましょう。

What is my boyfriend made of？
What is my boyfriend made of？
Beer and wine and all that's alcohol.
That's what my boyfriend is made of.
私のカレって何でできてる？　私のカレって何でできてる？
ビール、ワイン、お酒なら何でも、そんなもんでできてるのよ。

7. *Eeny, Meeny, Miny, Mo*　　鬼決め唄

Eeny, meeny, miny, mo,
Catch a tiger by the toe.
If he hollers, let him go,
Eeny, meeny, miny, mo.

　　イーニー　ミーニー　マイニー　モー
　　トラのつま先　ふんづけろ
　　叫んだら　はなしてやれ
　　イーニー　ミーニー　マイニー　モー

誰にしようかな（鬼決め）

　もっともよく歌われている鬼決め唄（counting-out rhyme）で、この唄を歌いながら順に指を差していき、最後の mo に当たった人が鬼（it）になります。脚韻は4行とも [ou]、各行4拍、口ずさみやすい唄です。なお、2行目の tiger は、昔は nigger となっていましたが、現代では差別語であるため使われておらず、tiger 以外にも tigger, piggy, monkey などのバージョンがあります。

　1行目の Eeny, meeny, miny, mo は「ひい、ふう、みい、よう」のように数を勘定する言葉で、昔、イギリスの羊飼いが羊を数えるときに使った数詞の Ina, mina, tethera, methera と類似しています。このようにケルトの数詞と似ていることから、古代ケルトの僧が人身御供（ひとみごくう）のいけにえを選んだときの儀式が、この唄の根っこにあるのではないかと考えられています。

　英語圏でもジャンケン（rock-paper-scissors）で鬼を決めることもありますが、この鬼決め唄で決める方がずっと多いようです。ジャンケンで鬼を決める私たちからすれば、4行もある鬼決め唄はずいぶん悠長に思えますね。

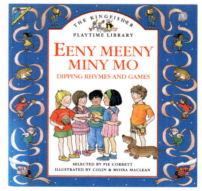

Eeny Meeny Miny Mo

銃を構えて「誰にしようかな」

『キック・アス／ジャスティス・フォーエバー』（2013）(59)

アクション映画やバイオレンス映画で銃を構えて犠牲者を選ぶときに、このマザーグースがよく顔をだします。

『キック・アス（*Kick-Ass*）』（2010）というバイオレンス・コメディ映画では、ビッグ・ダディ（ニコラス・ケイジ）の娘ヒット・ガール（クロエ・グレース・モレッツ）が、“Eeny, meeny, miny, mo” と言いながら悪者を銃で撃っていました。ジョン・トラボルタ主演、クエンティン・タランティーノ監督の『パルプ・フィクション（*Pulp Fiction*）』（1994）でも、犠牲者をマザーグースで選んでいました。無邪気な子どもの唄だからこそ、銃を構えて口ずさむと恐怖をかき立てる小道具となるのです。『パルプ・フィクション』では、tiger ではなく差別語の nigger で歌われていましたが、相手が黒人だったからあえて使ったようです。私たちが歌うときは、nigger（アメリカでは the n-word などと表記）のような差別語は使うべきではありません。

『誘拐の掟』（2014）(60)

『誘拐の掟（*A Walk among the Tombstones*）』（2014）は、残忍な犯行を重ねる猟奇殺人鬼と、落ちぶれた元刑事マット（リーアム・ニーソン）の緊迫した攻防をスリリングに描くハードボイルド・サスペンス。殺人犯が女性を誘拐し、切り刻もうとするシーンです。

> Pick one. Which one is your favor ?
> Eeny, meeny, miny, mo.
> **一つ選べ。どちらがお気に入りだい？**
> **イーニー、ミーニー、マイニー、モー。**

ナイフを持った犯人が、女性に「右腕か左腕かどちらを残して欲しいか」「選べ」と迫っているのです。本当に恐ろしい選択でした。

もう一つ、銃を構えながらこの唄を口ずさむ映画がありました。「人間兵器(lethal weapon)」というあだ名を持つ超過激な刑事リッグスと、温厚なベテラン黒人刑事の名コンビで人気を呼んだシリーズの第2弾、『リーサル・ウェポン2 (Lethal Weapon 2)』(1989)です。南アフリカ駐米大使が麻薬組織と手を組んでいることを知ったリッグス(メル・ギブソン)は、大使館に忍び込むのですが、大使に見つかってしまいます。

『リーサル・ウェポン2』(1989) ⑥

AMBASSADOR: Just get out of here. Kaffir lover！
　　　　　　出て行け。黒人びいきめ！
RIGGS: Eeny, meeny, miny and mo！ Hey, sorry.
　　　　誰にしようかな。ごめんよ。

　リッグスは、大使たちに向かって銃を構えながら「誰にしようかな」と言っていました。なお、Kaffirはアフリカ南部の「カフィル人」のことで、転じて「アフリカ黒人」の蔑称です。
　子どもの無邪気な唄マザーグースがアクション映画で犠牲者を選ぶときに歌われることで、そのギャップが恐怖をかき立てます。遠い昔、いけにえ選びの唄であった記憶がそこによみがえるからなのかもしれません。

どれにしようかな(物選び)

　"Eeny, meeny, miny, mo" は、鬼や犠牲者を選ぶときだけでなく、何か品物を選ぶときにも使われます。『ゼロ・グラビティ (Gravity)』(2013)は無重力の宇宙を舞台にしたＳＦサスペンスですが、宇宙船切り離し作業のときに飛行士がこの唄で切り離しボタンを選んでいました。
　スペースシャトルの船外活動中に、予期せぬ事故で宇宙空間へ放り出された宇宙飛行士ライアン・ストーン博士(サンドラ・ブロック)とマイク・コワルスキー(ジョージ・クルーニー)。映画の後半で、ストーン博士が中国の宇宙ステーションから宇宙船を切り離そうとするシーンです。

In the Soyuz, the power button is here. Okay, undocking, undocking. Eeny, meeny… Okay, that doesn't sound good. Miny, mo. Miny, mo. Okay, okay, good.

ソユーズでは起動ボタンはここ。よし、切り離し、切り離し。どれにしようかな…。これは違う感じ。天の神様の言うとおり。よし、これでよし。

『ゼロ・グラビティ』(2013) ⓑ

　救助を期待できない絶望的状況で、互いを繋ぐ1本のロープを頼りに漆黒の宇宙空間を漂い続ける二人は、奇跡の帰還を信じて決死のサバイバルを繰り広げます。宇宙船切り離しボタンを押すという非常に緊張するシーンにもかかわらず、ストーン博士が「どれにしようかな」の唄で生死を決めるボタンを選んでいたので、少し笑えました。

Try it!

何種類もあるおいしそうなケーキを前にしてどれにしようか迷うとき、こう言って選んでみましょう。

　Eeny, meeny, miny, mo, if it looks delicious, let's eat it, eeny, meeny, miny, mo !
どれにしようかな、美味しそうだから食べちゃおっと、どれにしようかな。

8. *Who Killed Cock Robin?*

物語唄

Who killed Cock Robin?
I, said the Sparrow,
With my bow and arrow,
I killed Cock Robin.

Who saw him die?
I, said the Fly.
With my little eye,
I saw him die.

Who caught his blood?
I, said the Fish,
With my little dish,
I caught his blood.

Who'll make the shroud?
I, said the Beetle,
With my thread and needle,
I'll make the shroud.

だれがころした　コック・ロビン
わたし　と　すずめ
わたしの弓と矢で
わたしがころした　コック・ロビン

だれがみた　ロビンが死ぬのを
わたし　と　はえ
わたしのちいさな目で
わたしがみたの　ロビンが死ぬのを

だれがうけた　ロビンの血
わたし　と　さかな

> わたしのちいさな皿で
> わたしがうけた　ロビンの血
>
> だれがつくる　白衣を
> わたし　と　かぶとむし
> わたしの針と糸で
> わたしがつくろう　白衣を

イギリスで愛されるコック・ロビン

　一つの stanza（連）が4行からなる「四行連」のマザーグースで、コマドリの死からお葬式までを描いた14連の長い物語唄です。各連の1行目と4行目は同じ単語（Robin, die, blood, shroud）で終わり、2行目と3行目は、Sparrow-arrow, Fly-eye, Fish-dish, Beetle-needle のように行末できれいに韻を踏んでいます。第4連の shroud は「死者を包む白い布」のことです。コマドリがスズメの弓矢で殺され、ハエ、魚、かぶとむし、フクロウ、カラス、ヒバリ、ヒワ、ハト、トンビ、ミソサザイ、ツグミ、牛の弔いを受ける、という内容ですが、「私が殺した」と告白しているスズメを誰も責めようとはしない、という不思議な唄です。「18世紀のイギリス首相の失脚を歌った唄」という説もあるようですが、唄の起源は14世紀にまで遡ることができます。「だれが殺した クック・ロビン」というフレーズが、萩尾望都の『ポーの一族』や魔夜峰央の『パタリロ！』で紹介されたからでしょうか、このマザーグースは日本でもよく知られています。ひょっとしたら、マンガをきっかけにして「コック・ロビンの唄」を知ったという人もいるかもしれませんね。

『ポーの一族　復刻版1』
（小学館）

『パタリロ！』（白泉社）

コマドリは雄も雌もよく似た色なので、昔は、すべて雄と考えられていました。そのために、Cock Robin と呼ばれ、Hen Robin という表現はありません。コマドリの胸の羽毛は赤いため、Robin Redbreast（赤胸のコマドリ）とも呼ばれます。「イエス・キリストのいばらの冠の棘を抜こうとして血に染まり、胸が赤くなった」という言い伝えもあり、そのためか、赤胸のコマドリが描かれたクリスマスカードがイギリスで数多く見られます。

　ビアトリクス・ポターの『ピーターラビットのおはなし（*The Tale of Peter Rabbit*）』（1902）では、このコマドリが重要な役割を果たします。ラディッシュをかじるピーターの傍らでさえずったり、落とした靴を見つけたり、ずぶぬれになったピーターを心配そうに見つめたりと、コマドリはピーターを優しく見守り続けます。お話を読む子どもたちがコマドリと一緒に物語の世界に入り込み、ピーターの冒険を楽しむことができるように工夫されているのです。

　コマドリはイギリス中で愛されていて、1961 年にはロンドン・タイムズの国鳥に関するアンケートで 1 位になり、2015 年の Vote for Britain's National Bird Campaign（イギリスの国鳥を選ぼうキャンペーン）でも 1 位になりました。

誰が○○を殺したのか？

　このマザーグースは、昔からさまざまな場面で引用されてきました。古いところでは 1821 年に、イギリスの詩人バイロンが 25 才の若さで亡くなった詩人キーツの死を悼んで歌った詩があります。

Who kill'd John Keats?	誰がキーツを殺したのか？
I, says the Quarterly,	「私」と季刊誌が言う
So savage and Tartarly;	辛辣な酷評で
'Twas one of my feats.	「それは私の手柄の一つ」

　（注：the Quarterly 季刊誌　Tartar タタール人　粗暴な人　tartarly 手荒に）

次は、イギリス政府がインフレ対策を表明したもので、1948年の *Report to the Nation* に掲載されました。なお、John Bull（ジョン・ブル）とは、イギリス国家や典型的なイギリス人を擬人化した名前です。

Who'll kill inflation?	誰がインフレを止めるだろう？
I, says John Bull,	私、とジョン・ブル
I speak for the nation —	私が国を代表してこう表明します
We'll work with a will.	我々は強い意志を持って奮闘し
And we'll thus kill inflation.	そうやってインフレを止めます

誰がしっぽを見つけたの？

　A.A. ミルンの『クマのプーさん (*Winnie-the-Pooh*)』(1926)の第4章「イーヨーがしっぽをなくし、プーが見つける話」にも、この唄のパロディが登場します。ロバのイーヨーがしっぽをなくし、プーは物知りフクロウのところに相談に行きます。すると、なんとイーヨーのしっぽはフクロウの家の呼び鈴になっていました。プーはしっぽを返してもらい、イーヨーのところに持って行ってメデタシ、メデタシ、というお話です。以下は、物語の最後でプーが歌った唄です。

He sang to himself proudly:	プーは、得意そうに歌いました。
Who found the Tail?	誰がしっぽを見つけたの？
"I," said Pooh,	ぼく、と答えるクマのプー
At a quarter to two	2時15分前でした
(Only it was quarter to eleven really),	（ほんとは11時15分前だったんだけど）
I found the Tail!	ぼくがしっぽを見つけたの！

　実際は11時前だったのですが、"Pooh" と脚韻を踏ませるために、2時に変えて歌ったようです。

映画や新聞のタイトルにも

"Who killed Cock Robin?" は新聞の見出し、小説や映画のタイトルなど、至る所で引用されています。たとえば、映画のタイトルでは、『ロジャー・ラビット（*Who Framed Roger Rabbit*）』（1988）、『誰が電気自動車を殺したか？（*Who Killed the Electric Car?*）』（2006）などがあります。

また、2017年2月にマレーシアの国際空港で、北朝鮮の朝鮮労働党委員長の兄である金正男氏が殺害されるという事件が起きましたが、その時のイギリスのBBCニュースやアメリカのCNN、ABCニュースの見出しは、いずれも "Who killed Kim Jong-nam?" でした。

マザーグースの一節を用いた見出しは、ニュースや新聞だけでなく、*Time* や *Newsweek* などの週刊誌でもよく見かけます。含蓄のある洒落たタイトルになるからでしょう。

Try it!

推理小説などで、"Cock Robin" が「被害者」、"Sparrow" が「殺人犯」、そして "Fly" が「目撃者」という意味で使われることがあります。小説を読んでいて犯人がわかったら、こうつぶやいてみましょう。

In this novel, the Sparrow is XX. The Cock Robin is YY. The Fly is ZZ.

9. This is the House That Jack Built

積み重ね唄

This is the house that Jack built.
　　これはジャックが建てた家
This is the malt
That lay in the house that Jack built.
　　これはジャックが建てた家に置かれたモルト

This is the rat,
That ate the malt
That lay in the house that Jack built.
　　これはジャックが建てた家に置かれたモルトを食べた
　　ネズミ

This is the cat,
That killed the rat,
That ate the malt
That lay in the house that Jack built.
　　これはジャックが建てた家に置かれたモルトを食べた
　　ネズミを殺した猫

【最終連の訳】
これはジャックが建てた家に置かれたモルトを食べたネズミを殺した猫をいじめた犬を突き上げた角曲がり牛の乳をしぼったひとりぼっちの乙女にキスしたボロをまとった男を結婚させたつるつる頭の牧師に朝のときを告げて起こした雄鶏を飼う麦まきのお百姓さん

This is the House  That Jack Built.

どんどん増えていく積み重ね唄

　新聞や雑誌などでよく引用される積み重ね唄（cumulative rhyme）です。どんどん増えていき、最終連では、関係代名詞の that 節が 10 個もつらなる長い文になりますが、cat-rat というように語尾がきれいに韻を踏んでいるので、リズムよく唱えることができます。

「ベーブ・ルースが建てた家」

　新聞や雑誌などで、"The House That Someone Built" という見出しを目にします。House は「企業や学校、球場などの建物」を意味し、Jack のところに House への功労者の名前が入ります。USA Today（July 13, 1990）には、次のような記事がありました。

> People make pilgrimages exclusively to see "The House That Ruth Built."
> 「ベーブ・ルースが建てた家」を見るため、人々はぞろぞろと出かけて行く。

　この「ルースが建てた家」とは、ニューヨークのブロンクスにあった旧ヤンキー・スタジアムのことです。「野球の神様」と呼ばれたアメリカの国民的ヒーロー、ベーブ・ルースが、スタジアムの初試合でホームランを打ったのがその由来のようです。ルースのホームランを見物に来る人でいつも満員だったヤンキー・スタジアムは、文字通り「ルースが建てた家」なのでした。2017 年に投打二刀流の大谷翔平がアメリカのメジャーリーグのエンゼルスに入団しましたが、そのときにアメリカのメディアで Japan's Babe Ruth（日本のベーブ・ルース）と紹介されていました。

ベーブ・ルース

Try it!

　"The House That Someone Built" は、上記のように新聞や雑誌の見出しに使われることが多く、会話に用いられることはあまりありません。大学創立者などをこんなふうに説明する使い方が普通です。

The school that Niijima Jou built
新島襄が建てた学校＝同志社大学

「ジャックが建てた家みたい」ってどういうこと？

英文を読んでいるときに "like the house that Jack built" というフレーズが出てきたら要注意。「ジャックが建てた家のように」とは「積み重ね唄のように」ということで、「だらだらと長く続く」「回りくどい説明」「『風が吹くと桶屋が儲かる』のようなこじつけ」といった意味が込められています。

『クリスマス・キャロル』や『二都物語』で有名なイギリスの国民的作家チャールズ・ディケンズの『荒涼館(*Bleak House*)』(1852-1853)を見てみましょう。第61章で、スキムポールが子どもを警察に引き渡した言い訳をだらだらと述べる場面です。

> Here is the boy who is received into the house and put to bed in a state that I strongly object to. The boy being in bed, a man arrives--- like the house that Jack built. Here is the man who demands the boy who is received into the house and put to bed in a state that I strongly object to.
>
> ここに僕が強く異議を唱えるような状態で荒涼館に入れられ寝かせられた子どもがいる。子どもは寝ていて、一人の男がやってくる——ちょうど「ジャックが建てた家」の唄みたいだ。僕が強く異議を唱えるような状態で荒涼館に入れられ寝かせられた子どもを引き渡せという男だ。

スキムポールは、積み重ね唄のように関係代名詞の who や that を多用して説明を繰り返していますが、この唄を知らなかったら「なぜここで突然ジャックが出てくるのか？」と頭を悩ますことになりますね。

Try it!

こじつけのような理由が延々と続く複雑にからみあう話ってありますよね。そういうときには、こう説明してみましょう。

This is a very complicated long story just like the house that Jack built.
これは、積み重ね唄の「ジャックが建てた家」のように、とても長くて複雑な話なんです。

10. *The Twelve Days of Christmas* 積み重ね唄

The first day of Christmas,
My true love sent to me,
A partridge in a pear tree.

The second day of Christmas,
My true love sent to me
Two turtle doves, and
A partridge in a pear tree.

The third day of Christmas,
My true love sent to me
Three French hens,
Two turtle doves, and
A partridge in a pear tree.

クリスマスの1日目
あのひとから　プレゼント
梨の木にヤマウズラ1羽

クリスマスの2日目
あのひとから　プレゼント
キジバト2羽と
梨の木にヤマウズラ1羽

クリスマスの3日目
あのひとから　プレゼント
フランスのメンドリ3羽と
キジバト2羽と
梨の木にヤマウズラ1羽

【最終連】
The twelfth day of Christmas,
My true love sent to me
Twelve lords a-leaping,
Eleven ladies dancing,
Ten pipers piping,
Nine drummers drumming,
Eight maids a-milking,
Seven swans a-swimming,
Six geese a-laying,
Five golden rings,
Four colly birds,
Three French hens,
Two turtle doves, and
A partridge in a pear tree.

　　クリスマスの 12 日目
　　あのひとから　プレゼント
　　とびはねている貴族 12 人と
　　おどっている女の人 11 人と
　　笛吹き 10 人と
　　太鼓たたき 9 人と
　　乳をしぼっているおとめ 8 人と
　　泳いでいる白鳥 7 羽と
　　卵を抱いているガチョウ 6 羽と
　　金の輪 5 つと
　　まっくろな小鳥 4 羽と
　　フランスのメンドリ 3 羽と
　　キジバト 2 羽と
　　梨の木にヤマウズラ 1 羽

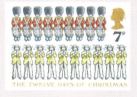

どんどん増えていくクリスマスプレゼント

　クリスマス翌日から 12 日間、毎日プレゼントが増えていく楽しい唄です。でも、これだけたくさん鳥や人間の贈り物をもらったらゼッタイ困り果てるはず、という不思議な内容の唄でもあります。前日までの贈り物をすべて繰り返す積み重ね唄（cumulative rhyme）で、最終連は 14 行！　長い唄ですが、pipers piping, drummers drumming, seven swans a-swimming というように、多くが頭韻を踏んでいるので意外に覚えやすく、歌いやすい唄です。クリスマスシーズンになると、ディズニーランドや USJ などのテーマパークでもよく流されるクリスマスソングなので、メロディを耳にしたことがある人も多いのではないでしょうか。

　なお、この唄は"On the first day of Christmas"というように On をつけて歌われることも多いのですが、本書では、イギリスの Opie 夫妻編纂の『オックスフォード　ナーサリーライム辞典（*The Oxford Dictionary of Nursery Rhymes*）』(1951) から引用していますので、On はありません。

「クリスマスの 12 日」っていつ？

　「クリスマスの 12 日」とは、12 月 26 日から 1 月 6 日までの 12 日間のことです。イエス・キリストが誕生した 25 日を起点（0 日）として数えて 26 日が 1 日目、1 月 6 日が 12 日目となります。1 月 6 日は公現祭（Epiphany）と呼ばれ、東方の三博士が贈り物を持ってイエスを訪れたとされている日です。昔は、1 月 6 日の前夜（Twelfth Night）に Twelfth Cake を食べたり、この唄を歌ったりしました。シェイクスピアの喜劇『十二夜（*Twelfth Night*）』は、前夜の出し物として書かれた作品

シェイクスピア

です。日本ではクリスマスが終わるとすぐにツリーをしまい、お正月準備に取りかかります。欧米で年明けまでクリスマスツリーが飾ってあるシーンを映画などでよく目にするのは、クリスマスが 1 月 6 日まで 12 日間も続くからなのです。

受胎告知

東方の三博士

イエスの誕生

公現祭とよく混同されるのが、待降節(Advent)です。これはイエス・キリストの到来を待ち望む期間で、11月30日以降の最も近い日曜日からクリスマスイブまでの約4週間のことです。この時期に食べるシュトレンは、イエスが白い産着にくるまれていたことに由来します。ドイツやオランダではアドベントの約4週間、クリスマスを待ち望みながら少しずつスライスして食べる習慣があります。最近では、日本でもギフトショップなどで、毎日窓を一つずつ開けていく「アドベントカレンダー」が売られており、待降節も知られるようになってきました。

シュトレン

最後に「梨の木にヤマウズラ」

この唄 *The Twelve Days of Christmas* の最終行の a partridge in a pear tree は、思わぬところに出てくることがあります。『ホーム・アローン(*Home Alone*)』(1990) は、クリスマス休暇の家族旅行で一人だけ家に取り残された8歳のケビン少年(マコーレー・カルキン)の大奮闘を描いたファミリー映画です。クリスマスシーズンになると、アメリカでは毎年テレビで再放送されています。映画の冒頭、飛行機に乗り遅れそうになり、慌てて車に乗り込んだケビンの姉が家族の頭数をカウントするときに、こう言っています。

『ホーム・アローン』(1990) ⓖ

> Five boys, six girls, four parents, two drivers and a partridge in a pear tree.
> 男の子が5人、女の子が6人、親が4人、運転手が二人、そして梨の木にヤマウズラ。

また、ブルース・ウィリス主演の『ダイ・ハード3(*Die Hard: With a Vengeance*)』(1995)では、小学校に仕掛けられた爆弾の起爆装置を解除しながら、ニューヨーク市警の刑事がこうつぶやいています。時限爆弾の爆発まであと14分という非常に緊迫したシーンです。

Six booby traps, four dead ends and a partridge in a pear tree.
仕掛けが六つ、ヤバイのが四つ、そして梨の木にヤマウズラ。

いずれも、数を列挙した後に「梨の木にヤマウズラ」と言っています。英語圏では数を列挙した後の締めに使ったりするのですが、この唄を知らなければ「なぜこの場面にヤマウズラが？」と悩むことになるでしょう。

『ダイ・ハード３』（1995）⑭

Try it!

みなさんが「梨の木にヤマウズラ」を使うなら、絶対にクリスマスシーズンがオススメです。パーティーの買い出しに出かける友だちに「ついでにアレもコレも買ってきて」と頼むときに、ちょっとふざけてこう言ってみましょう。

Could you get me three oranges, two apples and a partridge in a pear tree?
ついでにオレンジ３個とリンゴ２個と梨の木にヤマウズラ、買ってきてくれる？

カフェでみんなのメニューを注文するときにも、「梨の木にヤマウズラ」を友だちとの確認で使ってみましょう。

Four coffees, three cappuccinos, two teas and a partridge in a pear tree.
コーヒー四つ、カプチーノ三つ、紅茶二つ、そして梨の木にヤマウズラ。

『バットマン』の中のマザーグース

悪役の名前がマザーグース由来！？

　スーパーヒーローが活躍するアメコミ『バットマン』には、マザーグースがたくさん出てきます。たとえば、悪役「ソロモン・グランディ」の名前は、マザーグースから採られています。死んでから50年後によみがえったのですが、彼の記憶に残っていたのは「自分が月曜に生まれた」ということだけでした。人の一生を1週間で表わした『ソロモン・グランディ』に「月曜に生まれた」と唄われているので、彼は自分のことを「ソロモン・グランディ」と名乗ることにしたのです。

Solomon Grundy

Solomon Grundy,
Born on a Monday, Christened on Tuesday,
Married on Wednesday, Took ill on Thursday,
Worse on Friday, Died on Saturday,
Buried on Sunday.
This is the end
Of Solomon Grundy.

ソロモン・グランディ
月曜に生まれて火曜に洗礼
水曜に結婚　木曜に病気
金曜に悪化して土曜に亡くなり
日曜に埋葬
これでおしまい
ソロモン・グランディ

ソロモン・グランディ

「ハッシュ」の名前も
"Hush, little baby"
というマザーグースから…

ハッシュ

『バットマン』の悪役はマザーグースがお好き

　第2作『バットマン　リターンズ』(1992)で、バットマン(マイケル・キートン)を敵視する悪者キャットウーマン(ミシェル・ファイファー)が銃で撃たれたときに、こうつぶやいています。'Four, five, still alive! Six, seven, all good girls go to heaven.　Two lives left.' 引用されているマザーグースは、"One, two, three, four, five, six, seven, all good children go to heaven." という唄で、キャットウーマンは「猫は九つ命を持っている」という諺どおり、何発も銃弾を撃ち込まれても生き残っていました。

　第3作『バットマン・フォーエヴァー』(1995)では、バットマン(ヴァル・キルマー)を憎悪する悪役トゥー・フェイス(トミー・リー・ジョーンズ)の傍らにはべらす美女の名前が、「シュガー」と「スパイス」。彼の偏った趣味により、2人のタイプも両極端でした。この「シュガー＆スパイス」は71ページ掲載の"What are little boys made of ?"というマザーグースからの引用なのは、もうおわかりですよね。

　第4作『バットマン＆ロビン　Mr.フリーズの逆襲!!』(1997)でも、バットマン(ジョージ・クルーニー)をつけ狙う妖艶な毒女ポイズン・アイビー(ユマ・サーマン)が、"He loves me. He loves me not"とマザーグースで恋を占っていました。

　マザーグースが数多く登場する『バットマン』の舞台、ゴッサムシティはアメリカの架空都市なのですが、Gothamはニューヨークの愛称でもあります。そして、一説にはこの「ゴッサムシティ」もマザーグースの"Three wise men of Gotham"が由来だと言われています。唄の中でゴッサムは「愚か者(を装った利口者)の住む町」となっているのですが、『バットマン』のゴッサムシティの住民は、愚か者、利口者のどちらだったのでしょう…。マザーグースを知らなくてもアメコミを楽しめますが、知っていたらもっと楽しいです。

キャットウーマン

トゥー・フェイス

ポイズン・アイビー

ギリシャ神話と映画

フィラデルフィア美術館

オーストリア国会議事堂(ウィーン)

　映画『ロッキー』で有名になったフィラデルフィア美術館の建築は、古代ギリシャ神殿の模倣です。メトロポリタン美術館も、ボストン美術館も、古代ギリシャ神殿を彷彿とさせます。ナッシュビルには原寸大のパルテノン神殿のレプリカがあります。アメリカ人が古代ギリシャ建築に憧れていることがよくわかります。ヨーロッパも古代ギリシャに憧れることに関しては負けていません。ウィーンにあるオーストリアの国会議事堂前には、アテナを始めとするギリシャの神々が、古代ギリシャ様式の建物と共に祀られています。ユネスコの旗もアテナのパルテノン神殿をデザイン化しています。

　同じ神がギリシャ名とローマ名を持っている理由は、古代ギリシャの文化が古代ローマに伝わった時、古代ローマ人がギリシャ神話に描かれている神を自分たちが信仰してきた神と同一視したからです。

　このように、ギリシャ・ローマ神話は自分たちの神話として欧米の人たちに愛され、日常会話にも、マスコミでもよく取り上げられます。欧米の人たちの考えや、その文化を理解するためには、ギリシャ・ローマ神話を知っていると彼らとのコミュニケーションにも役立ちます。日本でもゲームのキャラクター、マンガの主人公、ドラマのタイトルなど、あらゆるところで使われています。

世界の始まり

　人類が誕生する何万年も前、原始の時代に、最初の神カオス（Chaos）の誕生からギリシャ神話は始まります。カオスとは混沌という状態を表し、光も何もない薄暗闇の世界です。その混沌状態の中からガイア（Gaea, Gaia）が生まれ、神々の世界が始まります。ガイアは農産物などを生み出すので大地の女神と呼ばれ、オリンポス12神の始祖です。冥界ハデス（後述）の住む地下よりもさらに奥深い奈落の底に、タルタロス（Tartarus）が生まれます。そして、愛を司る神エロス（Eros）も生まれました。カオスからは地下の暗黒の神エレボス（Erebus）と、その妹である夜の神ニュクス（Nyx）が生まれ、エロスはこの兄妹を結びつけ、天空神アイテール（Aether）と昼の女神ヘーメラー（Hemere）が誕生します。ガイアは男神と交わることなく天の神ウラノス（Ouranos, Uranus）と海の神ポンタス（Pontus）を生みました。カオス、ガイア、タルタロス、エロスなどを経てウラノスに至るまでの神々を原初の神々（Greek primordial deities）と呼び、ウラノスは全宇宙の頂点に立ちました。

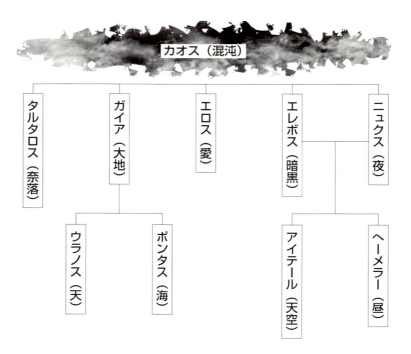

※ 神の名前はギリシャ名とローマ名があり、ローマ名から英語の綴りと英語読みができました。本稿では、多くの場合ローマ名からの英語読みを「カタカナ＋（アルファベット）」で記述します。

chaos
[kéıɑs]

（天地創造以前の）混沌とした状態。
反 cosmos（宇宙の秩序）
☐ in chaos「混沌とした」
★After the American presidential election, there was complete chaos in the world.「アメリカ大統領選の後、世界は完全に混沌とした状態となった」

Gaia
[gáıə, géıə]

ガイア。「地球」という意味もある。
☐ gas「気体」 ☐ geography「地理」 ☐ geology「地質学」
☐ geometry「幾何学」（土地の測量から）
ローマ名はテラ(Terra)。☐ terrace「テラス」
☐ territory「領土」
映画 E.T. は Extra-Terrestrial「地球外生物」の略。

Tartarus
[tá:rtərəs]

タルタロス。地獄・奈落とされ、ゼウスに反抗したタイタン族などを幽閉する場所。幽閉された者が暴れて、地震などの天変地異が起こると言われている。

Eros
[ɛ́ərɑs]

恋愛・性愛の神エロス。ローマ名はキューピッド(Cupid)。
☐ erotic「性愛をかきたてる」

Erebus
[ɛ́rəbəs]

暗黒の神エレボス。地上界と冥界(ハデス)の間の暗黒のこと。
◆ as black as Erebus「真っ暗な」

Nyx
[níks]

夜の女神ニュクス。ローマ名はノックス(Nox)でナイト(night)の語源。☐ nocturne「夜想曲」

Aether
[í:θər]

原初の神で天空神アイテール。エーテル(ether)の語源。

Hemere
[hɛméra]

昼の女神ヘーメラー。

Uranus
[jú:ərənəs]

全宇宙を最初に支配した天の神ウラノス。ガイアの子だが、後に夫なる。☐ uranography「天体学」

Pontus
[pántəs]

原初の神で海の神ポンタス。

世界の始まり 97

『キューピッドの教育』アントニオ・アッレグリ・ダ・コレッジョ

『日（ヘーメラー）』ウィリアム・アドルフ・ブグロー　個人蔵

『夜（ニュクス）』ウィリアム・アドルフ・ブグロー　ヒルウッド博物館

タイタン（ティタン）12神

　大地の神ガイアは、息子である天空の神ウラノスと結合して男神6体、女神6体の子を産みました。ウラノスは山よりも大きな巨大な体格であったため、子どもたちはタイタン（ティタン（Titan））12神と呼ばれます。最初に産まれた水の神オケアノス（Oceanus）は最年少の妹テテュス（Tethys）と結ばれ、数千人の子どもたちは川、湖など水を司る神々となりました。4番目に産まれた太陽の神ヒュペリオン（Hyperion）も妹ティア（Theia）と結ばれ、太陽神ヘリオス（Helios）や妹の月の神セレナ（Selene）、曙の神エオス（Eos）が産まれ、空を司る神々となりました。9番目に産まれたのはテミス（Themis）で、法と正義を司る神です。彼らだけでなく醜い巨人も多く産まれ、ウラノスはその子たちを嫌い奈落の底（タルタロス）に幽閉してしまいました。そのことを許せなかった母ガイアは、他の子どもたちに呼びかけ、母の意を汲んだ末っ子クロノス（Cronos）は大鎌で父ウラノスの男根を切り取り、父に代わり全宇宙の王の座を勝ち取りました。ウラノスの流した血から復讐の神エリニュス（Erinyes）、巨人族ギガス（複数形ギガンテスGigantes）、などが産まれました。

『クロノスに去勢されるウラノス』ジョルジョ・ヴァザーリ　ヴェッキオ宮殿　提供：Alinari/アフロ

Titan [táɪtn]	巨人族タイタン（ティタンとも読む）。 □ titanium「チタン」　□ The Titanic「タイタニック号」 □ the weary Titan「天を支えるアトラス。転じて老大国」 ★ This project is going to be a titanic success. 「このプロジェクトは大成功を収めるだろう」
Oceanus [oʊsíːənəs]	水の神オケアノス。 Ocean の語源。
Tethys [tíːθəs]	テテュス。
Hyperion [haɪpíəriən]	ヒュペリオン。
Helios [híːliɑs]	太陽神ヘリオス。ローマ名はソル（Sol）。 □ heliosis「日射病」（heli- は太陽を表す接頭辞）
Selene [səlíːni]	月の女神セレナ。ローマ名はルナ（Luna）。
Eos [íːɑs]	曙の女神エオス。ローマ名はオーロラ（Aurora）。
Gigantes [dʒəɡǽntiːz]	ギガンテス。巨人族。 □ giga- ① 10 億。無数の。 ②ギガ［単位＝10^9］の語源 □ gigantic「巨人のような、巨大な」
Themis [θíːməs]	テミス。ローマ名はユースティティア（Jūstitia）、英語名はレディー・ジャスティス（Lady Justice）。法律・秩序の女神。剣と天秤を持った像が司法・裁判における正義の象徴。
Cronos [króʊnəs]	父ウラヌスを放逐して王となったクロノス。ローマ名はサトゥルヌス（Saturnus）。英語名はサタン（Saturn）。土星。 ◆ the reign of Saturn「黄金時代」神と人間の関係がうまくいっていたクロノスの時代のこと。

ヘリオス

ユースティティア（テミス）像
フランクフルト

『わが子を食らうサトゥルヌス』
フランシスコ・デ・ゴヤ　プラド美術館

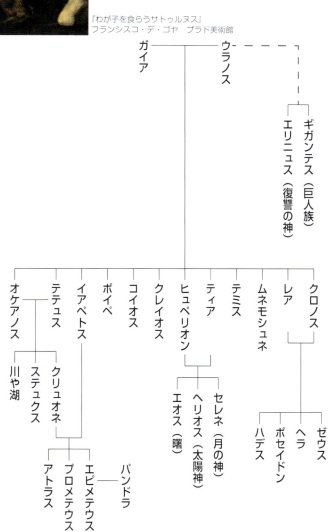

タイタン（ティタン）12神　101

ゼウスの誕生

　ガイアは息子である海の神ポンタス（Pontus）と交わり、子を産み、その子どもたちの子に次々と怪物が産まれます。特に有名なのがゴルゴン三姉妹（Gorgons）で、青銅の手、鋭い牙、全身には蛇が絡みついていました。ただ、末の子メドゥーサ（Medusa）だけが美しい娘に産まれましたが、アテナと美しさを競ったため、髪は蛇に、その目を見ると石になってしまう怪物に変えられてしまいました。一方、夜の神ニュクスは交わることなく「争い」と「不和」の神エリス（Eris）を始め、「死」、「老い」、「苦悩」といった神々を、娘のエリスは「殺人」、「破滅」、「苦労」といった神々を産みました。

　神々の頂点に立ったクロノスは、自分が父を追放したように子どもから同じ仕打ちを受けるという予言に怯え、産まれてくる子どもたちを次々と飲み込みます。妻レア（Rhea）はそのことを許し難く、母ガイアと共謀して産着で包んだ石を6人目の子と偽ってクロノスに飲み込ませ、秘密裏にクレタ島で出産します。ゼウス（Zeus）の誕生です。クロノスはローマ神話ではサトゥルヌスです。ローマ神話での彼の妻の名前はオプス（Ops）だったので、レアは後にオプスとも呼ばれています。

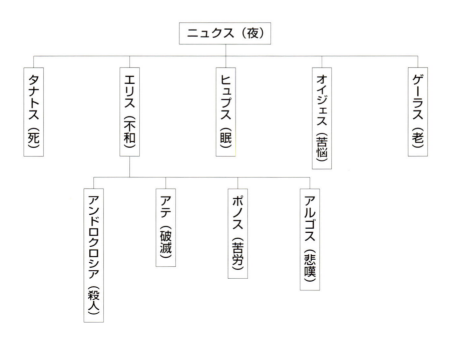

Gorgons
[gɔ́rgənz]

ゴルゴン三姉妹。

Medusa
[məd(j)úːsə]

メドゥーサ。単に Gorgon といった場合はメドゥーサを指し、頭は古代、魔よけゴルゴネイオン（Gorgoneion）として用いられた。

Eris
[írəs]

「不和」「争い」の女神エリス。□ eristic「論争好きな」
ローマ名はディスコーディア（Discordia）。
□ discord「不和」の語源。

Rhea
[ríːə]

ゼウスの母レア。"Mother of the Gods" と呼ばれている。

Zeus
[zúːs]

ギリシャ神話の最高神ゼウス。ローマ名はユピテル（Jupiter）。英語名はジュピター（Jupiter）。木星。

ゼウス（イーグルコイン）

イエレバタン・サライ（トルコ・イスタンブール）地下宮殿にあるメドゥーサの首の礎石（メドゥーサの頭）

Zeus　ゼウス　　　　Jupiter

- Planet Jupiter is the biggest planet of the solar system.
- Thunderbolt and lightening were weapons of Zeus.
- The ancient Olympic Games were held in honor of Zeus, the king of the Greek gods and goddesses.

▶ゼウスがなぜ木星なのですか?	ゼウスのローマ名はユピテル、英語名はジュピター。ゼウスは主神です。惑星で一番大きな木星がふさわしいと思われたのでしょう。
▶武器は雷なのですか?	昔の人にとって雷は恐ろしいものでした。天の神が怒っているように感じられたと思われます。
▶ゼウスがオリンポスの主神になった理由は?	海を治めるポセイドン、死者の国を治めるハデス、後に妻となるヘラなど、父親のクロノスが飲み込んでいた兄弟全員を救い出し、その後、兄弟たちと力を合わせ、クロノスが率いるタイタン族との戦いを勝利に導いたからです。ゼウスは、優秀な自分の子どもを増やすことが重要だと考えていたようです。そのために神だけでなく、人間の女性とも関係を持ち、多くの子どもが産まれました。
▶ゼウスとオリンピックは関係がありますか?	古代のギリシャではオリンピック(主神ゼウスの祭典)が開催される時、一切の戦争を中断して楽しんだので、オリンピックは平和の祭典と言われます。古代オリンピックは約1,000年続きましたが、一度も中止されたことはありませんでした。

〈Conversation memo〉

　ゼウスの象徴は空の王者である大鷲です。そのため、人間界では皇帝が好んで使うシンボルになりました。神聖ローマ帝国は広大な領土を保有していたので、皇帝旗の鷲には頭が二つあり、領土の東西を見張っています。オーストリア＝ハンガリー帝国のワーグナーが作曲した『双頭の鷲の旗のもとに』は、日本の運動会でよく使われている有名な行進曲です。

シェーンブルン宮殿(ウィーン)の屋根にある双頭の鷲

Atlas　アトラス

- Atlas, Prometheus and Epimetheus were brothers; only Atlas fought against Zeus.
- After the Titans were defeated, Zeus severely punished Atlas.
- A collection of maps was named Atlas by Mercator, a geographer.

▶タイタン族とは何ですか？	ウラノス、ガイアの子どもたちとその孫たちはタイタン（ティタン）族ですが、ゼウスなどクロノスの子どもは除きます。タイタン族は巨人だったので、タイタンは巨大さを表す意味で使われています。
▶アトラスは罰を受けたのですか？	タイタン族とゼウスたちとの戦いにおいて、兄弟の中でアトラスだけがタイタン族として戦いました。アトラスは怪力の持ち主で、ゼウス側は散々てこずらされたため、アトラスに天を支え続ける罰を与えました。その罰はペルセウスがメドゥーサの首を見せ、アトラスを石にしてしまうまで続き、その石がモロッコにあるアトラス山脈になったと言われています。
▶地図帳をアトラスというのはなぜですか？	「メルカトル図法」で有名なメルカトルは、死ぬ前に自分の地図帳をアトラス（Atlas）と名付けるように遺言しました。彼の地図帳が出版される以前にアトラスを表紙に描いた地図帳は存在しましたが、メルカトルの地図帳は出来が良く、アトラスが地図帳を意味するようになりました。

〈Conversation memo〉

神話を扱った映画では、ゼウス側が正義でタイタン側は悪者扱いが普通です。しかし、タイタンには「巨大な」とか「強い」というイメージもあります。"Titanic"は豪華客船の名前に使われ、強靭な金属はチタンです。また、スポーツチームのマスコット名にも使われています。アメリカ映画『タイタンズを忘れない Remember The Titans』（2000）は、黒人差別撤廃を描いた名作ですが、タイタンズは高校のフットボールチームのマスコット名でした。

ティタノマキア

　成長したゼウスは父クロノスに薬を飲ませ、飲み込まれていた兄や姉を吐きださせることに成功します。助けてくれた感謝のしるしとして、兄たちはゼウスに協力してクロノスたちタイタン族に戦いを挑みます。醜さとその力を恐れたクロノスにより、奈落の底であるタルタロスに閉じ込められていた祖母ガイアの子一つ目の巨人キュクロプス（Cyclops）や、ヘカトンケイル（Hecatonchires）を開放します。キュクロプスたちはゼウスには「雷」、ポセイドンに「三又の矛」、ハデスに「かくれ帽」をお礼に贈ります。ゼウスは神々の飲み物アンブロシアと、神の酒ネクトルを弱っていたヘカトンケイルに与えて回復させ、戦いに勝利します。ゼウスはギリシャ神話史上の最高神となりました。この神々とタイタン族の戦いはティタノマキア（Titanomakia）と呼ばれ、戦いに敗れたタイタン族はタルタロスに閉じ込められます。アトラスだけは世界の西の果てに送られ、頭と両腕で天空を支え続けるという過酷な刑罰が与えられました。

Cyclops
[sáɪklɑps]

一つ目の巨人族キュクロプス。三兄弟で、それぞれ雷に関する名前がついている。複数形は Cyclopes [sáɪklóʊpiz]。

『キュクロープス』オディロン・ルドン
クレラー・ミュラー美術館

Hecatonchires
[hɛkətɑnkáɪriz]

100の手と50の頭を持つヘカトンケイルは三人いる。タイタン族との戦いでは、一度に300の大岩を敵に投げてゼウスたちを助け、戦いに勝利した後はタルタロスに幽閉されたタイタン族の監視役となった。

Atlas
[ǽtləs]

タイタン族の神アトラス。タイタン（ティタン）12神の一人でプロメテウスの兄。

プロメテウスとパンドラ

　プロメテウス（Prometheus）はタイタン族にもかかわらず、アトラスとは対照的に罰せられずに済みました。頭脳明晰なプロメテウスは、ゼウスの命令で人間を作り出して以来人間の味方でした。ゼウスが人間から取り上げた火をプロメテウスが盗み出して人間に与えたことで、そのことを苦々しく思っていたゼウスとの対立は決定的になります。ゼウスはヘーパイストスに命じ、美しいアプロディーテに似せた女性を創らせ、男だけしかいなかった人間の世界に送り込み、プロメテウスの弟のエピメテウスの妻にします。その名をパンドラ（Pandora）、人間界最初の女性です。

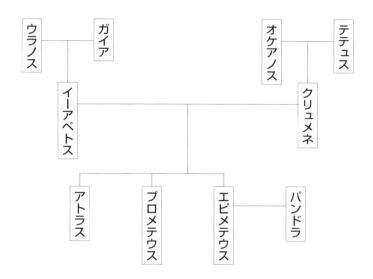

Prometheus
[prəmíːθiəs]

プロメテウス。
- □ Promethean「プロメテウスのような（独創的な）人」
- ◆ Promethean agonies「耐え難い苦痛」

Pandora
[pændɔ́ːrə]

パンドラ。
- ◆ open Pandora's box「パンドラの箱を開ける」
転じて「開けてはいけないもの：あらゆる困難を招く」

Prometheus　プロメテウス

- Prometheus was a Titan but he was on the side of Zeus.
- Prometheus gave humans the benefit of fire, so we have created civilization.
- Prometheus was tied to a pole and his liver was eaten by a giant eagle every day.

▶ プロメテウスはゼウス側で戦ったのですか？

プロメテウスの名前は、ギリシャ語で「先に(pro)＋考える者(metheus)」という意味で、先見性を持っている神です。彼はタイタン族に勝ち目はないとみていたので、ゼウス側につきました。

▶ 誰が人間を作ったのですか？

ゼウスの命を受け、プロメテウスは粘土で人間を作りました。自分の体を模して作ったので人間は男だけでした。

▶ 人間に火を取り戻してくれたのは誰ですか？

その後、ゼウスは火を人間から取り上げます。寒さに震え、猛獣におびえている人間の姿を見て、プロメテウスは火を盗み人間に与えます。人間は火のおかげで進化し、文明を発展させることができました。

『プロメテウス』ギュスターヴ・モロー　ギュスターヴ・モロー美術館

▶ ゼウスの仕打ちは？

ゼウスは火を盗んだプロメテウスを岩山に縛り付け、ゼウスのシンボルである巨大な鷲に肝臓をついばませる罰を与えます。プロメテウスは不死なので肝臓は毎日回復し、いつまでも死の苦しみに耐え続けなければなりませんでした。

〈Conversation memo〉

プロメテウスは自己を犠牲にして人間を進化させたが故に、文学や美術の分野では人気のモチーフです。アイスキュロス作のギリシャ悲劇『縛られたプロメテウス』、リドリー・スコット監督の『プロメテウス(Prometheus)』(2012)などです。また、原子力は「第二のプロメテウスの火」と喩えられることがあります。

Pandora　パンドラ

- Epimetheus, a brother of Prometheus, was not as clever as Prometheus.
- Prometheus warned his brother, Epimetheus not to accept gifts from Zeus.
- Zeus gave Epimetheus Pandora, who was the first human female.

▶ エピメテウス
とは？

エピメテウスの名前は、「後に（epi）＋考える者（metheus）」という意味で、物事をあまり考えずに行動し、後悔する者のことです。ゼウスからの贈り物は受け取ってはいけないと兄から警告されていましたが、エピメテウスはその美しさに我を忘れ、パンドラを受け取ってしまいました。

▶ ゼウスはなぜ、
最初の女性パ
ンドラを作っ
たのですか？

プロメテウスを快く思っていなかったゼウスは、プロメテウスが作った人間が男だったので、ヘーパイストスに命じて女神を模した女を作らせました。パンドラの名前は、すべての（Pan）＋贈り物（dora）です。アテナからは機織りや女性の仕事の能力、アプロディーテからは男を悩ませる魅力、ヘルメスからは嘘をつく能力を与えられました。そしてゼウスは「決して開けてはいけない」と言ってパンドラに病気、飢え、嫉妬など、あらゆる災いが詰まっている壺を持たせます。

『ピュクシスを持つパンドーラー』
ダンテ・ゲイブリエル・ロセッティ
レディ・リーヴァー美術館

▶ 箱ではなく壺
なのですか？

元々に蓋つきの陶器の化粧道具入れピュクシス（Pyxis）でしたが、ピュクシスにはギリシャ語で箱の意味があり、中世の頃に「箱」が用いられるようになりました。

〈Conversation memo〉

　パンドラの箱から飛び出したあらゆる災厄とは、エリスやニュクスの子どもたちです。最後に残ったのはギリシャ語でエルピスです。「希望」とか「予兆」と訳されています。疑問が一つ、エリスやニュクスの子どもたちに「希望」はなかったのでは？　それとも「希望」は「厄災」？

オリンポス12神

　神々の頂点に立つオリンポス12神は、最高神ゼウスと兄姉とその子どもたちで構成されています。ポセイドン、アプロディーテ、ヘラ、ヘーパイストス、アテナ、アポロン、アルテミス、アレス、ヘルメス、デメテール、そしてディオニソスです。

　ヘスティア（Hestia）は長女で炉や竈（かまど）を司る神です。昔は炉や竈が家の中心であったため、ヘスティアは家庭生活の守護神であり、祭祀の神でもあります。当初12神の一人でしたが、後にその座をディオニソス（Dionysos）に譲ります。ディオニソスはローマ神話ではワインの神バッカス（Bacchus）で、後にアリアドネと結ばれます。

　ハデス（Hades）は冥界を支配しているため地下に住んでいます。そのためオリンポス12神には数えられていません。その冥界の入り口に陣取っているのはケルベロス（Cerberus）です。犬の頭を三つ持ち、尾は蛇の怪物です。

Hestia
[héstiə]

ヘスティア。ローマ名はウェスタ（Vesta）。

Dionysos
[daɪənáɪsəs]

酒（ワイン）、豊穣の神ディオニソス（別名 Bacchus）。
◆ a son of Bacchus「大酒飲み」

Hades
[héɪdiz]

冥界の支配者ハデス。新約聖書で「死者の行くところ」とされたため、間違えて地獄とされることもある。
★ Go to Hades（Hell）!「くたばれ」

Cerberus
[sə́ːrb(ə)rəs]

ハデスには忠実な冥界の番犬ケルベロス。
◆ throw a sop to Cerberus「賄賂を渡す」

ヘスティア

ディオニソス

ポセイドン・デメテール・アプロディーテ

　ポセイドン(Poseidon)は海と馬の神です。津波、荒天、地震はこの神が引き起こしています。ゼウスに次ぐNo.2です。

　デメテール(Demeter)は農耕と豊穣を司る女神です。温厚な性格ですが、機嫌を損ねると、凶作と飢饉をもたらします。ゼウスとの間に娘ペルセポネを設けました。

　全能の神ゼウスが妻以外に苦手としている神、それは美の神アプロディーテ(Aphrodite)です。ウラノスの男根が海に投げ込まれ、乳白色の泡(アフロ)から生まれた彼女を貝に乗せ、実りをもたらす西風(ゼピュロス)がキプロス島に運びます。ホタテ貝は豊穣のシンボルです。島に上陸すると美と愛が生まれ、季節の神ホーライ(Horae)三姉妹の一人が裸のアプロディーテに衣を着せます。この情景を描いているのが有名なボッティチェリの『ヴィーナスの誕生』です。

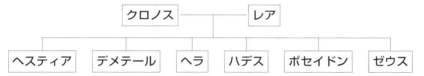

クロノスとレアの間には、ゼウスが産まれるまでに3人の姉と2人の兄がいましたが、5人ともクロノスに飲み込まれていました。

Poseidon
[pəsáɪd(ə)n]

オリンポス12神の一人、海の神ポセイドン。ローマ名はネプチューン(Neptune)。海王星。

Demeter
[dɪmítər]

デメテール。ローマ名はケレス(Ceres[síəriz])。ゼウスとの間に生まれた娘ペルセポネをハデスに略奪されたことから、豊穣の神デメテールは大地の恵みを止めてしまう。ゼウスはハデスを説得するも、柘榴を食べたペルセポネは一定期間冥界で暮らさねばならなくなった。その間大地の実りがなくなった。四季の始まりである。

Aphrodite
[æfrədáɪti]

美の神アプロディーテ。ローマ名はウェヌス(Venus)で英語名はヴィーナス(Venus)。
□ aphrodisiac「媚薬」

ポセイドン　　　　　　デメテール　　　　　　西の風（ゼピュロス）

ヴィーナスの誕生　　　　アプロディーテ

『ヴィーナスの誕生』
サンドロ・ボッティチェリ　ウフィッツィ美術館

『ペルセポネーの略奪』
レンブラント・ファン・レイン　ベルリン美術館

Aphrodite　アプロディーテ　Venus

- Aphrodite's Roman name was Venus, which is also the name of the second planet from the sun.
- If "Venus de Milo" had a hand, what might she have in her hand?
- Her son Eros is called Cupid, who had changed his image in Christianity.

▶金星はなぜヴィーナスと呼ばれるのですか？

ローマのウェヌス（Venus）という愛の女神と同一視されたからです。英語読みするとヴィーナスです。月を除くと、惑星の中で一番明るい金星がヴィーナスにふさわしいと考えられたのでしょう。

▶ミロのヴィーナスに手があったら？

リンゴを持っていると想像するのはどうでしょう。トロイア戦争のきっかけとなったのは、パリスがヴィーナスに黄金のリンゴを与えたからです。

▶キューピッドは、彼女の息子ですか？

元々エロス（キューピッド）は、最初の神カオスが生み出したと考えられていました。つまり、愛欲は最古のものであるという考えです。しかし、いつしかアプロディーテの息子になり、弓矢で人の恋愛感情を操るように描かれました。そのイメージはキリスト教に引き継がれ、ラッパや竪琴を持った天使の姿に変わりました。

ミロのヴィーナス　ルーブル美術館

▶♀とアプロディーテの関係は？

♀は占星術では金星でアプロディーテが使う手鏡を表したもの。♂は火星でアプロディーテの恋人で、戦の神のアレスの槍と盾を組み合わせたものだと言われています。

〈Conversation memo〉

Shocking Blue というバンドが Venus という曲を歌っています。その一節に、"Her weapons were her crystal eyes. Making every man mad."（彼女の武器は水晶のような目、すべての男を狂わせる）とあります。アプロディーテの魅力を歌いあげています。

ヘラ

　ゼウスの姉にして妻のヘラ（Hera）は、ギリシャ神話では嫉妬深い女として描かれています。結婚の神ゆえに夫の所業を許せないのでしょう。ヘラはゼウスと結婚する以前に交わらずにヘーパイストス（Hephaistos）を産みますが、足が悪い上に醜い子であったために海に放り投げてしまいます。その子は水の神テティス（Thetis）に救われ、鍛冶・工芸の才を磨いていきます。母ヘラに対する憎しみは消えることなく、ヘーパイストスは復讐を決意します。細工を施した椅子で罠にはまったヘラは、ゼウスに拘束を解くよう懇願しますが、ゼウスの仲裁に対してヘーパイストスが突きつけた要求は、美の神アプロディーテとの結婚でした。無理やり結婚させられたアプロディーテは貞淑な妻ではありませんでした。戦いの神アレス（Ares）との浮気では、夫の細工によって事の真っ最中に見えない網で絡めとられ、さらし者にされてもめげません。フェニキア王の息子アドニス（Adonis）との恋も有名です。狩猟が好きなアドニスは猪に突き殺され、アネモネになったことでも知られています。

Hera
[híərə]

結婚生活の守護神ヘラ。ローマ名はジュノー（Juno [dʒúːnoʊ]）。

Hephaistos
[hɪfáɪstəs]

鍛冶と火山の神ヘーパイストス。ローマ名はウルカヌス。

Thetis
[θíːtəs]

水の神テティス。アキレスの母。

Ares
[έəriz]

戦いの神アレス。ローマ名はマールス（Mars）。火星。

Adonis
[ədánəs]

アドニス。美少年の代名詞。アドニスの流した血がアネモネ（anemone = wind flower）になったと言われている。

ヘラ

ヘーパイストス

アネモネ

アレス

Hera　ヘラ　　　Juno

- Hera is Zeus' wife, who is the goddess of marriage and childbirth.
- Hera has a special interest in protecting married women.
- Why is Hera accompanied by a peacock?

▶ヘラと6月の関係は？

ヘラはローマ神話ではジュノー（Juno）です。ヘラの祭りが6月にあることから、英語では6月をJuneと呼ぶようになりました。

▶なぜヘラは嫉妬深いのですか？

ヘラは結婚生活の守護神です。そのため、6月に結婚式を挙げる花嫁を「ジューン・ブライド」呼びます。ヘラは結婚の神であり、結婚生活が正しくあるべきと考えています。ゼウスであっても不倫を許せないのでしょう。

▶ヘラがクジャクを連れているのはなぜですか？

ゼウスは愛人イオとの密会が露見しそうになり、イオを牝牛に変身させます。ヘラは100の目を持つアルゴスにゼウスを監視させていましたが、アルゴスは眠りこみ浮気を見逃したため、怒り狂ったヘラに殺されます。ヘラはさすがに不憫に思い、アルゴスの目をクジャクに移したため、クジャクは100の目を持つようになりました。絵画にはヘラの脇には孔雀がつき従っています。ゼウスの命を受けたヘルメスが葦笛でアルゴスを眠らせ首をはねた、という説もあります。

『ゼウスとヘラ』アンニーバレ・カラッチ　ファルネーゼ宮殿　提供：Newscom/アフロ

〈Conversation memo〉

ギリシャ神話ではヘラは嫉妬深く、執念深い女神として描かれています。確かにヘラの攻撃対象はゼウスの浮気相手だけに留まらず、浮気相手との間に産まれた子どもたちに対してすら、徹底的に復讐します。しかし、ヘラはアプロディーテと違い、貞節を貫き通しました。

Hephaistos　ヘーパイストス　　Vulcan

- Hephaistos was the god of blacksmith, metalworking and volcanoes.
- Aphrodite was forced by Hera to marry Hephaistos.
- Aphrodite was unfaithful to Hephaistos.

▶ヘーパイストスは何の神ですか？	鉄を扱う鍛冶の神。ローマ名はウゥルカヌス（Vulcanus）で火山（volcano）の神でもありました。英語名はヴァルカン（Vulcan）です。
▶ヘラが一人で産んだのですか？	一般的にはヘーパイストスはゼウスとヘラの子とされています。しかし、アテナを産んだゼウスに対抗するかのように、ヘラは交わらずにヘーパイストスを産んだという説もあります。
▶アキレスとの関係は？	アキレスの母テティスがヘーパイストスを助け、養育します。金属加工など物を作る天才なので、アキレスの武具は全てヘーパイストスが作りました。
▶なぜ美の神と結婚できたのですか？	ヘーパイストスは母の仕打ちを許せませんでした。復讐するために細工を施した椅子をヘラに贈り、座ったが最後身動きが取れないようしました。罠にはまったヘラを助ける交換条件が、アプロディーテとの結婚でした。
▶アプロディーテは結婚に満足していましたか？	彼女は夫を毛嫌いし、ハンサムだが残忍で嫌われ者の戦争の神マルスと浮気をします。

『ウルカヌスに驚かされるウェヌスとマルス』
ドメニコ・ティントレット　アルテ・ピナコテーク

〈Conversation memo〉

　上の絵は不倫の現場を押さえたものとして有名です。マルスは慌ててベッドの下に隠れたらしく、戦闘帽だけが見えています。ヘーパイストスは見えない針金で作った網をベッドに張り巡らし、ベッドインした頃合いを見計らって、その網で二人を縛り上げてしまいます。身動きできなくしたうえで他の神を呼び込み、抱き合った二人を見世物にしたと伝えられています。

コラム

ギリシア神話とゲームキャラ

　ゲームキャラにはギリシャ神話から採られていることが多いことに気がつきます。でも、気をつけていただきたいのは、ゲームキャラと神話とは別物だということです。英語圏の人々にとって、ギリシャ・ローマ神話は基礎的な知識の一つです。その人たちにとって、ゼウスやポセイドンは、日本人の織田信長や徳川家康と同じように、当たり前の知識です。

　大学でギリシャ神話を教えていて、ゲームキャラについて学生からこんな質問を受けます。「ゼウスとジュピターは別の神ですか？」とか、「アテナとミネルヴァはどうなのですか？」とか、『ヘラは闇のキャラになっていますが、なぜですか？』などです。一番驚いたのはアポロが女神というキャラになっていたり、ゼウスが善人でハデスが悪人というのもありました。授業で神話を学んで、「ゼウスは凛々しく、かっこいいと思っていたのに、エロじじいと聞いてショックを受けた」という感想までありました。

　ゼウスの武器が稲妻だとか、キャラが立っているメドゥーサなど、ギリシャ神話の神々や英雄たちは姿形や特徴がある程度知られているので、ゲームキャラに使いやすいのでしょう。ゼウスとジュピターが別の神になっているのは、ゲームの制作会社が大量にキャラを作らねばならず、意図的に別のキャラにしたと考えられます。ヘラが闇の属性を持っているのはなぜでしょう。ヘラは結婚の神で、不倫を決して許しません。にもかかわらず、ゼウスは手当たり次第恋をします。その怒りはゼウスだけでなく不倫の相手にも子どもにすら及び、苛烈を極めました。ヘラクレスに至っては、気を狂わされ、我が子まで殺すよう仕向けるものでした。その性格の激しさが闇の属性と捉えられたのではないでしょうか。アポロが女神になるのは理解に苦しみますが、ゲームをするのは男（の子）の方が多いのではないでしょうか。そのため、美少女のキャラにしたと推測します。

　ゲームはたしかに面白いかもしれませんが、ゲームキャラの設定は史実を無視したものが多く、うっかりすると恥をかきかねません。ギリシャ・ローマ神話の神々や英雄について正しい知識を学び、英語圏の文化をより深く理解すれば、英語のコミュニケーション力も一段とつき、英語を話すことが楽しくなりますよ。

アテナとニケ

ゼウスは知恵の神メティス(Metis)と交わりますが、「メティスの子はその父親を殺す」という予言に恐れを抱き、彼女を飲み込んでしまいます。月日がたち、ゼウスは激しい頭痛に襲われます。ヘーパイストスの作った金槌で頭を割らせたところ、割れた頭から兜と槍で武装したアテナが飛び出してきました。ゼウスを父に、知恵の神メティスを母に持つアテナ(Athena)は、知恵・戦略・技芸・機織りの神としてギリシャ(当時はアテナイ)の守護神となりました。アテナには勝利の女神ニケ(Nike)とフクロウが寄り添い、絵画や彫刻ではメドゥーサの首をつけた盾(イージス)と共に描かれることがあります。アテナはラテン語ではミネルヴァで、「ミネルヴァのフクロウ」とは学問や哲学を表します。ルーブル美術館の「サマトラケのニケ」は有名ですが、世界的なスポーツ用品メーカーのナイキはこのニケに由来しています。アテネのパルテノン神殿やオーストリア国会議事堂前にあるアテナ像(知性)の右手には、小さいニケ(勝利)が乗っています。「知性の勝利」を表していると言われています。

Metis [míːtəs]	ゼウスの最初の妻、知恵の神メティス。アテナはゼウスの頭から産まれ、メティスはゼウスの体内で生き続ける。	
Athena [əθíːnə]	アテナ。ローマ名はミネルヴァ(Minerva)。	アテナの誕生
Nike [náıki]	ニケ。ローマ名はヴィクトリア(Victoria)。	

ミネルヴァのフクロウ

アテナ

アテナ

Athena　アテナ　　　　Minerva

- Minerva was Athena's Roman name, who was the goddess of wisdom, crafts and war.
- The capital of Greece was named after the goddess Athena.
- The owl of Minerva spreads its wings only with the falling of the dusk.

▶ ミネルヴァとは何ですか？

古代ローマの知恵と工芸の神で、古代ギリシャの神アテナと同一視されるようになりました。フクロウを伴っています。ハリー・ポッターもフクロウをお使いにしていました。ミネルヴァは教育関係の組織や出版社の名前にも使われています。

▶ アテナがギリシャの首都名になぜなったのですか？

ある町の守護神をアテナとポセイドンとが争い、ポセイドンは海水を湧き出させ、アテナはオリーブの木を生やしました。住民はオリーブの木を守護神として選び、アテナを都市の名としました。

▶ 「ミネルヴァのフクロウは夕刻に飛ぶ」の意味は？

「一つの時代が終わってから、その時代を概念としてまとめるのが哲学」という哲学者ヘーゲルの言葉です。「ミネルヴァのフクロウ」というのは、「哲学」を表し、実践は日中に、まとめの理論づけは後（夕刻）になってからする、との考えからです。

▶ アテナの像で右手に人形を持った像があります。あの像は何ですか？

ニケを手に持つことで、ニケが表す軍事的な勝利よりも、アテナの知恵のほうが優位であることを示しています。写真は、バッキンガム宮殿にあるニケを載せたヴィクトリア女王の銅像です。

ヴィクトリア女王像
バッキンガム宮殿

〈Conversation memo〉

　アテナもアレスも戦いの神です。アレスは性格も荒っぽく乱暴者です。戦場にあっては狂乱と破壊の側面があり、残忍で凄惨な戦いを好みます。一方、アテナは知性の神だけあって栄誉や戦略を重んじ、気高く理性的で、正義の戦いを好んだと言われています。二人は同じゼウスの子ですが、仲が悪いことで有名です。

Nike　ニケ　　　Victoria

- Nike's Roman name was Victoria, which was the goddess of victory.
- "The Winged Victory of Samothrace" in the Louvre Museum is also called Winged Nike.
- NIKE, the world's largest supplier of athletic shoes and apparel, takes its name from the Greek goddess, Nike.

▶ ニケは勝利を表しますか？

ニケのローマ名はヴィクトリア。大英帝国の最盛期の女王もヴィクトリア。

▶ 一番有名なニケ像は？

サモトラケ島で発掘された、翼を広げた若い女神「サモトラケのニケ」が有名です。フランスのルーブル美術館に所蔵されています。

サモトラケのニケ
ルーブル美術館

▶ ニケとナイキとの関係は？

アメリカの世界的企業「ナイキ（Nike）」はこの勝利の女神の名前と、翼を広げたニケの姿をデザイン化してロゴに使っています。Nikeはローマ字読みするとニケですが、英語では「ナイク」と発音します。

▶ ニケはゼウスやアテナとよく一緒にいますが、なぜですか？

ニケはタイタン族の娘ですが、ゼウスが率いるオリンポスの神々のためにタイタン族と闘ったため、ゼウスのお気に入りになりました。ゼウスの娘である女神アテナは知恵の女神であり、戦争の女神でもあります。勝利の女神ニケを連れ歩くのはそのためです。

1896年アテネ大会メダル
アテネ貨幣博物館

〈Conversation memo〉

　近代オリンピックは、ギリシャ神話と関係ないように思われがちですが、第1回オリンピックの勝者に渡されたメダルにはゼウスの顔が刻印されています。ゼウスの隣には勝利の女神ニケがいます。

ヘルメス

　ヘルメス(Hermes)は商業の神です。手には2匹の蛇が絡まった杖を持っています。カドゥケウスと呼ばれ、伝令使の杖という意味です。交通や商業のシンボルで、商業高校や商業大学の校章に使われています。WHOや米国医師会など、医療のシンボルとして使用される「アスクレピオスの杖(Rod of Asclepius)」とよく混同されますが、アスクレピオスはアポロンの子で、高名な医者です。その杖に巻きついている蛇は1匹です。ヘルメスのサンダルと帽子には羽がついているので迅速に移動することができ、そのために神々の使者になりました。ヘルメスのローマ名はメルクリウスで、英語名はマーキュリー(Mercury)。太陽系で一番速く回っている水星が割り当てられました。フランスの有名ブランド名エルメスはその名が由来です。ちなみに、ヘルメスは詐欺の神でもあります。

Hermes
[hə́ːrmiz]

ヘルメス。水星。
◆ Project Mercury's「マーキュリー計画」
アメリカの有人宇宙計画。

メルクリウス

アスクレピオス

カドゥケウス

アスクレピオスの杖

ヘルメス

一ツ橋大学校章

WHOのマーク

英雄ペルセウス

　アルゴス国の王アクリシオスは「娘の子が祖父を殺す」という信託を受け、娘ダナエ（Danae）を高い塔に幽閉します。そのダナエに目をつけたゼウスは金の雨に姿を変え、交わって産まれたのが英雄ペルセウス（Perseus）です。王は娘とその子を殺すに忍びなく、海に流し、親子は無事セリーポス島に漂着し平穏な日々を過ごします。島の領主はダナエに思いを寄せ、邪魔な息子のペルセウスに言いがかりをつけ、メドゥーサ退治を命じます。メドゥーサの目を直接見ると石に変えられてしまうため、ペルセウスはアテナから借りた鏡のような面をした盾にメドゥーサの顔を映し、首を切り落とします。その時メドゥーサの首から飛び出してきたのが、翼のあるペガサス（Pegasus）です。

　エチオピアの王妃カシオペイア（Cassiopeia）は、自分の美しさを鼻にかけ、女神より美しいと豪語していました。海神ポセイドンの怒りを買ってしまい、父の国王ケフェウスは、娘アンドロメダ（Andromeda）を怪物ケートス（Cetus）の生贄として差し出すことを要求されました。そこに遭遇したペルセウスはケートスの前にメドゥーサの頭を差し出し、目を見せてケートスを石にしてしまいます。その後、ペルセウスからメドゥーサの頭を進呈されたアテナは、その頭を自分の盾につけます。その盾は最強の防具イージス（aegis）と呼ばれました。

『ペルセウスとメドゥーサ』セバスティアーノ・リッチ　個人蔵
提供：Bridgeman Images/アフロ

Danae
[dǽnəɪ]

アルゴス（Argos）の王女ダナエ。西洋絵画では好んで描かれ、黄金の雨を連想させる情景が描かれている。

Perseus
[pə́ːrsiəs]

メドゥーサを退治した英雄ペルセウス。星座となった。

Pegasus
[péɡəsəs]

有翼の天馬ペガサス。星座となった。

ペガサス

Cassiopeia
[kæsiəpíːə]

古代エチオピアの王妃カシオペイア。カシオペア座となった。

Andromeda
[ændrámədə]

カシオペイアの娘アンドロメダ。星座となった。

Cetus
[síːtəs]

海の怪物ケートス。星座くじら座（the Whale）となった。北欧神話のクラーケン（Kraken）と同一視される。

aegis
[íːdʒəs]

イージス（ラテン語でアイギス）。ゼウスが娘アテナに与えた防具（盾）で、それにメドゥーサの首をつけた。
◆ under the aegis of ～「～の保護のもとに」

『ダナエ』レンブラント・ファン・レイン
エルミタージュ美術館

『ダナエ』グスタフ・クリムト

英雄ペルセウス　123

Perseus　ペルセウス

- Perseus was the son of Zeus, and the half-brother and great grandfather of Heracles.
- Perseus cut off Medusa's head and put it on Athene's shield and called Aegis.
- Perseus married Andromeda, who was a daughter of Cassiopeia.

▶ ペルセウスとヘラクレスの関係は？

ゼウスとアルゴスの女王ダナエの間にペルセウスが産まれます。ゼウスは息子であるペルセウスの孫の妻とも関係し、ヘラクレスが産まれます。したがって、ペルセウスとヘラクレスとは兄弟でもあり、曽祖父と曽孫の関係でもあるのです。

▶ メドゥーサの首をどうやって落としたのですか？

アテナは自分の神殿でポセイドンとメドゥーサが交わったことを許せませんでした。アテナは表面が鏡のように磨かれた盾をメルセウスに貸し与え、その盾でペルセウスはメドゥーサを直接見ることなく首を落としました。

『メドゥーサ』ミケランジェロ・メリージ・ダ・カラヴァッジョ　ウフィツィ美術館

▶ 関係者はみんな星座になりましたか？

怪獣ケートスにメドゥーサの首を見せて石にしたペルセウスは、アンドロメダを救い、後に妻としました。アンドロメダは死後、アテナによって星座となりました。父ケフェウス、母カシオペイア、アンドロメダ、ペルセウス、ペガサス、そして怪獣ケートス（くじら座）、全て星座となって夜空に輝いています。

〈Conversation memo〉

　ゼウスの息子ゆえにペルセウスは神々から忖度されます。ヘルメスからは「空を飛べる靴（サンダル）」と「剣」を、女神アテナからは「盾」を、ハデスからは「隠れ帽」をもらい、メドゥーサと戦いました。これだけもらえば負けるはずがありませんね。

星座の話①

神に愛でられしペルセウスに関わる星座

　ケフェウス（Cepheus［siːfjuːs］）は古代エチオピアの王で、カシオペイアの夫、アンドロメダの父親です。死後に星座となりました。北天に輝くペルセウスに関わる星座群の解説は、pp.122-124を参照してください。ペルセウスの話とは関わりませんが、はくちょう座に関してはpp.138-139を参照してください。

英雄ヘラクレス

　ペルセウスの孫であるアンピトリオンの許嫁アルクメネに横恋慕したゼウスは、アンピトリオンの不在中に夫に変身して思いを遂げます。ところがその翌日に夫は帰宅して妻と交わり、アルクメネは両方の子を身ごもってしまいます。ゼウスの浮気を知ったヘラは、双子のうちアンピトリオンの子を先に産まれさせ、アルゴスの王の後継にします。遅れて産まれた子は権力も与えられず、半神半人であるため不死身ですらありませんでした。その子の名前はヘラクレス（Hercules）、ギリシャ神話史上屈指の英雄です。ゼウスはせめてヘラクレスを不死身にしようと考え、娘アテナの協力を得て、ヘラの乳を息子に与えることに成功します。赤ん坊はあまりに強く乳首に吸いついたため、ヘラは慌ててその子を引き離すと、乳首から噴き出した乳が天まで届き、天の川（the Milky Way）になりました。

　不死身となったヘラクレスに対して、執念深いヘラの仕打ちは続きます。赤ん坊の時には毒蛇を放ちますが、怪力を身につけていたヘラクレスは絞め殺してしまいます。成人して結婚すると、ヘラクレスを狂人にして自分の子を殺すように命じ、実行させます。ヘラの仕打ちとは知らないヘラクレスは神に許しを請い、12の難行（the Labors of Hercules）が課せられます。最初の難行がネメアにいた鉄より硬い皮のライオン退治で、こん棒で殴り殺し皮を剥いで身につけました。これ以降、ライオンの毛皮を着て、こん棒を持った姿がヘラクレスのイメージとして定着しました。次に、九つの頭を持ち、毒を吐き散らす蛇のヒドラ（Hydra）退治等々、見事に難行を成し遂げます。最期はヒドラの毒で瀕死の状態になり、炎の中で死を迎えます。死後、神の座に連なり、ヘラもようやくヘラクレスを許し、娘のヘベを妻として与えました。ヘラクレスとはヘラの栄光という意味です。

Hercules [hə́ːrkjəliːz]	ヘラクレス。ゼウスの子でギリシャ神話随一の怪力無双の英雄。日本では「12の難行（功業）」の呼称が一般的だが、英語では数詞はつかず単にthe Labors。
Hydra [háɪdrə]	ヒドラ。九つの頭を持つ毒蛇。日本でも八つの頭を持つヤマタノオロチが「古事記」などにみられる。

Hercules ヘラクレス

- Hercules was the most famous hero in ancient Greek mythology.
- Hercules is known for his many adventures.
- One of the largest beetle species is given the name of Hercules.

▶ ヘラクレスは神話史上最高の英雄ですか？

赤ん坊の時に毒蛇を素手で捕まえ、ヘラからの授乳の時はあまり吸う力が強く、乳が飛びちり天の川になったなどの逸話も多い。ギガンテスとの戦いではゼウス側につき大活躍しました。

▶ ヘラクレスのイメージは？

武器がこん棒と強弓で、女性関係でも一晩で 49 人の女性と関係して受胎させるとか…。好戦的で、野性的な男性の象徴とされた存在です。そのため、米軍の軍用機やオオカブトムシの名前に使われています。

▶ エルキュール・ポワロはヘラクレスと関係しますか？

「名探偵」をもし三人あげるとしたら誰でしょう？ 日本だと江戸川乱歩の明智小五郎、アメリカでは世界初の探偵、エドガー・アラン・ポー（Edgar Allan Poe）のオーギュスト・デュパン。コナン・ドイル（Sir Arthur Conan Doyle）のシャーロック・ホームズ（Sherlock Holmes）。『名探偵コナン』の江戸川コナンは洋の東西三人の名探偵の苗字と名前を冠していることがわかりますね。もう一人あげるとしたら、アガサ・クリスティ（Agatha Christie）のエルキュール・ポワロ（Hercule Poirot）でしょう。ゼウスに次ぐ有名人ヘラクレスの名を冠しているのだから。エルキュールはヘラクレスのフランス語名です。

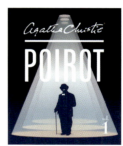
『名探偵ポワロ』Blu-ray Box1

〈Conversation memo〉

ゲリュオンの牛を捕獲して帰る途中、アトラス山をこん棒で真っぷたつにし、大西洋と地中海をつなげて近道をしました。これがジブラルタル海峡です。二つに分かれた山をヘラクレスの柱（Pillars of Hercules）と呼び、スペイン国旗に紋章として描かれています。

『ヘラクレスとレルネのヒュドラ』ギュスターヴ・モロー　シカゴ美術館

ジブラルタル海峡

スペインの国旗

The Labors of Hercules

❶ Slay the Nemean Lion
ネメアのライオン退治

❷ Slay nine-headed Lernaean Hydra
レルネの水蛇ヒドラ退治

❸ Capture the Ceryneian Hind
ケリュネイアの聖なる鹿生捕り

❹ Capture the Erymanthian Boar
エリュマントスの暴れ猪生捕り

❺ Clean the Augean stables in one day
アウゲイアスの家畜小屋掃除

❻ Slay the Stymphalian Birds
ステュンパリデスの怪鳥退治

❼ Capture the Cretan Bulls
クレタの牝牛生捕り

❽ Steal the Mares of Diomendes
ディメデス王の人食い馬生捕り

❾ Obtain the Girdle of Hippolyte
ヒュッポリュテ女王の帯を奪う

❿ Obtain the cows of Geryon
怪物ゲリュオンの牛を奪う

⓫ Steal the apple of the Hesperiodes
ヘスペリデスのリンゴを奪う

⓬ Capture and bring back Cerberus
冥界の番犬ケルベロスの生捕り

英雄ヘラクレス

迷宮ラビリンス

　フェニキアの王女エウロペ(Europa)の水浴びを見たゼウスは、白い雄牛に変身し、彼女をその背に乗せてクレタ島に連れ去り、そこで産まれたのがミノス(Minos)です。ゼウスとエウロペが移動した地が、後にヨーロッパと呼ばれるようになりました。成長してミノスがクレタ島の王になったある時、ポセイドンから美しい白い雄牛を与えられます。しかし、海から得たものは海に返すという神に捧げる誓いを破ったため、神罰により妻は怪物ミノタウロス(Minotaur)を産んでしまいます。成長するに従い凶暴化していくミノタウロスを閉じ込めるべく、ミノス王は一度入ったら二度と出られない迷宮ラビリンス(labyrinth)を名工ダイダロス(Daedalus)に作らせました。

Europa
[juəróupə]
エウロペはヨーロッパ(Europe)のラテン語読み。現在使用されている10ユーロと20ユーロ紙幣の透かしになっている。

Minos
[máɪnəs]
ミノス王。死後、冥界の裁判官となった。

Minotaur
[mínətɔːr]
ミノタウロス。頭が牛、体が人間の怪物。

Daedalus
[déd(ə)ləs]
ダイダロス。ラビリンスを作った名工。

10ユーロと20ユーロの透かしはエウロペ

アリアドネの糸

　迷宮ラビリンスが作られる以前の事、ミノス王の子がアテネで殺されたことからクレタと戦争になり、アテネは破れ、ミノタウロスの生贄として男女7人ずつクレタに送ることを強要されていました。アテネの王子テセウス (Theseus) は生贄となることを志願してクレタに向かいます。凛々しいテセウスに恋心を抱いたミノス王の娘アリアドネ (Ariadne) は、糸玉を作り彼に渡します。テセウスは糸玉の一方を入り口に結び、ほぐしながら進み、迷宮の奥深くにいたミノタウロスを討ち取った後、その糸をたどって脱出不可能と言われたラビリンスから生還します。アリアドネとは帰国の途中ではぐれてしまいますが、テセウスはアテネに戻り、アテネの王として民主制の基礎を作りました。

　アリアドネに糸玉の方法を教えたダイダロスは、ミノス王の怒りを買い、息子イカロス (Icarus) と共に塔に幽閉されます。しかし、何でも思い通りのものを作れるダイダロスは鳥の羽と蝋で翼を作り、空を飛び脱出します。太陽に近づくことを禁止していたにもかかわらず、息子イカロスは太陽に向かって飛び、蝋が溶けて墜落して死んでしまいました。

Theseus
[θíːsiəs]

英雄テセウス。アテネの基礎を築き、その怪力でミノタウロスを退治した。

Ariadne
[æriǽdni]

アリアドネ。旅の途中でテセウスとはぐれてしまったアリアドネは、その後オリンポス12神の一人ディオニソスの妻となり、オリンポスで暮らした。

Icarus
[íkərəs]

イカロス。ダイダロスの息子。

　　テセウスとミノタウロス　　　　ダイダロスとイカロス　　　　ラビリンス

Theseus　テセウス

- Theseus entered the labyrinth and killed Minotaur, half-man and half-bull.
- Ariadne fell in love with Theseus and helped him by giving a thread ball.
- Theseus is thought to be the founding father of Athens.

▶ なぜミノタロウスが産まれたのですか？

クレタのミノス王は、海から得たものはすべてポセイドンに捧げるという誓いをたてていました。ある時、海から美しい牡牛が現れ、それを自分のものにし、別の牛をポセイドンに捧げてしまいました。そのために妻は呪いをかけられ、体が人間で頭が牛というミノタウロスを産みました。

ミノタウロスとテセウス

▶ アリアドネの糸とは？

テセウスが糸をたどって迷宮から脱出できたので、「アリアドネの糸（Ariadne's thread）」は、「難問解決の糸口」を意味するようになりました。

▶ アリアドネと結婚したのは誰ですか？

テセウスはアリアドネを連れ港に立ち寄ります。酒の神のディオニソス（英語名バッカス）はアリアドネに一目ぼれします。置き去りにされたテセウスの船を見ているアリアドネを見つけたディオニソスが、戦車から飛び降りている情景を描いているのが右の絵です。その後、二人は結婚します。

『バッカスとアリアドネ』
ティツィアーノ・ヴェチェッリオ
ナショナル・ギャラリー

〈Conversation memo〉

シェイクスピア『夏の夜の夢（A Midsummer Night's Dream）』
　アテネの王になったテセウスは、ヘラクレスと共にアマゾン族を退治に行きます。テセウスは女王ヒッポリュテの妹アンティオペを捕虜として連れて帰り、結婚することになりました。その物語を戯曲にしたのがシェークスピアです。

イアソンとメディア

　イアソン（Iason）による『アルゴ探検隊の冒険』は、ホメロス（Homer）以前に書かれたギリシャ神話最古の物語です。イアソンの父はイオルコス王でしたが、弟のペリアスに王位を奪われます。イアソンは王位返還を願い出ますが、その交換条件は、黒海沿岸のコルキスにあるアルスの森に棲む黄金の羊の皮（the Golden Fleece=金羊皮）を持ち帰ることでした。ヘラクレスやテセウスなどの勇者を伴い、巨大な船アルゴ（Argo）に乗って冒険の旅に出発します。アルゴ船の舳先にはアテナの像が飾られていました。アルゴ船で遠征した英雄たちをアルゴナウティスで、英語表記はアルゴノーツ（Argonauts）です。

　たどり着いたコルキスで王に面会すると、王は金羊皮を持ち帰る交換条件として、火を吹く牛を飼いならし、金の羊の番人である竜を倒すことを要求します。イアソンに一目ぼれした王の娘メディア（Medea）は魔女でもあったので、彼女の魔力により金羊皮を手に入れます。メディアを伴った帰路も、北海—地中海—アフリカなど冒険の連続でした。父を裏切り、イアソンのもとに走ったメディアは、父親の放った追手の船団に迫って来られると、弟を殺しバラバラにして、海に投げ捨てて追手の船団の動きを止めます。帰国後、イアソンの父親から王位を奪い、その後、メディアはイアソンの父親を自殺させたペリアス王の娘に魔法をかけ、自分の父親を殺させます。その悪事が露見し、メディアとイアソンとの間にできた二人の子どもと共に、コリントスに追放されます。そのコリントスでイアソンは王に見込まれ、娘との婚礼の日を迎えます。その日、メディアは王女となる相手を殺し、我が子までも殺して姿を消しました。この王女メディアの狂気は、舞台や映画で描かれ続けています。イアソンも放浪の末に亡くなります。

Iason
[iá:sɔ:n]
イアソン。ラテン語読みではイアソンだが英語名はジェイスン（Jason）。ギリシャ神話に登場する英雄。

Homer
[hóumər]
ギリシャの詩人ホメロス。*Iliad* と *Odyssey* の作者とされている。英語名はホーマー（Homer）。
★ Even Homer sometimes nods.「弘法も筆の誤り」

Medea
[mədí:ə]
メディア。日本では「王女メディア」と呼称されることが多く、映画や戯曲に取り上げられる。

Iason　イアソン　　　Jason

- Iason was the son of Aeson and raised by Chiron, half-man and half-horse.
- Hera asked Iason to cross a river by putting her on his back.
- Iason was married to the sorceress Medea.

▶イアソンはギリシャ神話の英雄の一人ですか？

ケイロン（Chiron）は半人半馬のケンタウロス族（Centaurus）のなかの賢者と言われています。弟に玉座を追われたイアソンの父は、イアソンをケイロンに預けます。ケイロンはイアソンを教育し狩りを教え、成長したイアソンは玉座の返還を求めました。

▶ヘラはイアソン贔屓ですね？

成人したイアソンが国に帰る途中、川を渡れずにいた老婆を背負って渡り切ります。すると老婆は孔雀を伴った女神ヘラの姿になり、それ以降、イアソンはヘラの加護を受けることとなりました。

▶イアソンとメディアの関係は？

コルキスに着いたイアソンが王から無理難題を言われるのをヘラが同情し、エロスに命じて矢を王の娘のメディアに命中させ、イアソンに恋をして彼を助けるように仕向けました。メディアは性格や行動が激しい上に、薬草の知識もありました。神殿で病人の治療にも携わったことで、魔女のように扱われたと思われます。その後、メディアは魔女の代表的な存在になり、彼女をモチーフにしたギリシャ悲劇「王女メディア」、オペラ、管弦楽曲などが作られています。

イアソンとメディア

〈Conversation memo〉

　金羊毛はギリシャ神話では秘宝の一つで、眠ることのないドラゴンに守られている翼を持つ金色の毛皮のことで、豊かさの象徴です。現在では、ブルックスブラザーズがブランドエンブレムに使っています。また、王家に与える金羊毛勲章がスペインにはあり、明治以降の天皇陛下にもこの勲章が授けられています。

スペイン金羊毛勲章

パリスの審判

　水の神テティスは魅力的な女神でしたが、「父親より強い子を産む」という神託があり、ゼウスやポセイドンですら手を出せず、人間であるペレウスとの結婚が決まりました。その結婚式には多くの神々が招待されましたが、不和の女神エリスは招待されませんでした。逆恨みをしたエリスは、「最も美しい女神へ（To the fairest）」と書かれた黄金の林檎を結婚式の真っただ中に投げ入れます。この林檎を巡って、ヘラ、アテナ、アプロディーテが争いを繰り広げて収拾がつかなくなります。困り果てたゼウスは、その審判をトロイアの国の羊飼いパリス（Paris）に委ねます。ヘラは「世界を支配する権力」を、アテナは「無敵の武運」を、アプロディーテは「世界一の美女」を与えることを申し出て、パリスを誘惑します。悩んだ末に、パリスは世界一の美女を望みました。ギリシャの最高権力者アガメムノン（Agamemnon）の弟メネラオスの妻ヘレン（Helen）を与えることにしたアプロディーテはヘレンにパリスへの恋心を植えつけ、恋に落ちた二人は財宝と共にトロイアに逃げ去ってしまいます。

to the fairest　　黄金の林檎に書かれていた言葉の英訳。この林檎を「不和の林檎（apple of discord）」と言い、「争いの種」を意味する。
★ Inheritance often becomes the apple of discord.「相続は時に争いの種となる」

Paris
[pǽrəs]　　パリス。トロイアの王子だが、産まれた時に「国を亡ぼす原因を作る」という神託があり、羊飼いに預けられて育った。パリスの下した裁定を"The Judgement of Paris"「パリスの審判」と言う。

Agamemnon
[æɡəmémnɑn]　　ギリシャ軍の総大将アガメムノン。

Helen
[hélən]　　ヘレン。そのあまりの美しさにギリシャ中から求婚者が集まり、ヘレンの父親は求婚者に対し、誰を婿に選んでも婿が窮地に立てば全員で助けることを誓約させた。多くの勇士がトロイアの戦いに参加したのはそのため。

Paris　パリス

- Eris threw "the golden Apple of Discord" written with the word "To the fairest."
- Paris brought Helen of Sparta to his country as a gift from Aphrodite.
- Paris killed Achilles with an arrow to the heel.

▶なぜゼウスが決めなかったのですか？
　ヘラとアテナとアプロディーテがリンゴは自分のものだと言い張ります。ゼウスに判断をゆだねますが、決めてしまうと他の二人に嫌われるので、それを恐れたゼウスはトロイアの王子パリスに判断を任せます。そのことがトロイア戦争の発端となってしまいました。

▶パリスが望んだ女性は？
　アプロディーテの生まれ変わりと言われるほどの美女、スパルタの王の娘ヘレン(Helen)をパリスは望みます。しかし、ヘレンはアガメムノンの弟メネラオスの妻であり、パリスが人妻を望んだことからトロイア戦争は始まります。

▶アキレスを殺したのは？
　トロイアの守護神のアポロンは弓の名手です。パリスはアポロンの助けを借り、弓矢でアキレスの弱点であるかかとを射抜いたと言われています。

▶トロイア戦争は、神々の戦い？
　リンゴをもらったアプロディーテ、アレス、トロイアの守護神アポロンはトロイア側、リンゴをもらえなかったヘラとアテナ、妻を許せないヘーパイストスはギリシャ側です。

▶映画『トロイ』では死者を焼きますがなぜですか？
　死体を放置していると疫病が流行る危険があり、死者を弔うことにより魂の救済を図らなければなりません。『クリスマス・キャロル』や映画『トロイ』にも描かれていますが、両瞼の上にコインを置き火葬します。

〈Conversation memo〉
　パリスの審判のエピソードからヘレンは美しい人の名前の象徴となり、女性の名として絶大な人気があります。ヘレナ(Helena)、エレーン(Elaine)、エリノラ(Eleanora)、エラ(Ella)、愛称のネリー(Nellie)やネル(Nell)もヘレンから生まれた名です。映画『卒業(The Graduate)』(1967)のラストシーンで、Ben が教会から略奪する花嫁の名前も Elaine です。

「卒業」（東宝パンフレット）

『パリスの審判』ピーテル・パウル・ルーベンス　ナショナル・ギャラリー

『ヘレンとパリス』ジャック=ルイ・ダヴィッド　ルーブル美術館

ヘレンの拉致

🔷 トロイア戦争

　女神レト（Leto）は、ヘラの激しい嫉妬による妨害にもめげず、ウズラに変身したゼウスとの間に双子のアポロン（Apollo）とアルテミス（Artemis）を産み落としました。アポロンは音楽・芸術を司る神で、後に太陽神となり、竪琴を持ち、黄金の光輝く若々しい弓の射手の姿で描かれます。アポロンはトロイアの王女カッサンドラ（Cassandra）に恋心を抱き、予言能力を授ける約束をしてその恋を成就します。しかし、その能力を使ってアポロンに捨てられる未来を予見した彼女は、アポロンの許を去ります。怒りにかられたアポロンは、彼女に与えてしまった予言能力の取り消しは出来ないため、カッサンドラの予言を誰も信じないよう呪いをかけました。

　トロイアは堅固な城壁に囲まれ、難攻不落と言われていました。パリスがヘレンを伴いトロイアに入城しようとした時、「ヘレンを城内に入れるとトロイアは滅亡する」とカッサンドラは予言しますが、誰も信じませんでした。ヘレンを取り戻すためにアガメムノンを総大将とするトロイア征伐軍団が結成されたことから、ヘレンは美人の代名詞となりました。

　ちなみに、ヘレンの母はゼウスが白鳥の姿になって誘惑したことで有名なレダ（Leda）です。はくちょう座は、この時にゼウスが変身した姿との言い伝えがあります。レオナルド・ダ・ヴィンチ（Leonardo da Vinci）が描いたと言われている絵画『レダと白鳥』で知られています。

Leto
[líːtou]

女神レト。出産に苦しむ女性の守護神となった。

Apollo
[əpálou]

太陽神アポロン（アポロ）。ヘリオスと同一視されている。
◆ Apollo Program「アポロ計画」。NASA（アメリカ航空宇宙局）による月への有人宇宙飛行計画。

Artemis
[áːrtəməs]

アルテミス。星座の話の中にもその名を残す狩猟の神。月の神セレネと同一視された。ローマ名はダイアナ（Diana）。

Cassandra
[kəsǽndrə]

トロイアの王女カッサンドラ。信じてもらえぬ凶事の予言者の代名詞。

Leda
[líːdə]

『レダと白鳥』で有名なレダ。ダ・ヴィンチの作品は現存せず、チェザーレ・ダ・セストの模写はよく知られている。

アポロン

アルテミス

アポロンとアルテミス

『カッサンドラー』
イーヴリン・ド・モーガン　ド・
モーガン・センター

『レダと白鳥』

トロイア戦争　139

星座の話②

おおぐま座とこぐま座

　ゼウスがウズラに変身して関係を迫り、女神レトに産ませた双子がアポロンと月の女神アルテミスです。彼女はローマ神話における狩猟と月の女神ディアナと同一視されています。アルテミスには美しいニンフがつき従っていました。又もやゼウスがそのニンフ、カリストに手をつけて子まで宿してしまいます。貞節の神でもあったアルテミスは不貞を許さず、呪いをかけてカリストを熊の姿にしてしまいます。青年に成長したカリストの息子は、森で熊に出くわします。母カリストは息子に駆け寄りますが、母親だと知る由もない青年は弓を引き絞ります。その様子を見ていたゼウスは不憫に思い、矢を射る寸前に天に引き上げて、北の夜空を飾るおおぐま座（北斗七星）とこぐま座（北極星）にしたということです。

星座の話③

エコーとナルキッソス

　月の女神アルテミスのニンフの話です。エコーはゼウスに命じられて、ゼウスが浮気をしている間、ヘラの気をそらせるためにヘラに話しかけました。そのことがばれてヘラの怒りを買ってしまいます。ヘラはエコーに対して、話しかけられた言葉をオウム返しにしか答えられないように、呪いをかけました。そのエコーが美しい青年に恋をします。しかし、その青年は女性に興味がない上に冷たく、鼻持ちならない性格でした。オウム返しにしか答えられないエコーは、ナルキッソスに冷たくあしらわれ、悲しみのあまり声だけの木霊になりました。それを見ていた復讐の神ネメシスは、ナルキッソスが自分しか愛せないように呪いをかけます。ある時、泉の水を飲もうとしたナルキッソスは、泉の中に美しい青年を見つけます。触ろうとすると、消えてしまいます。その場から離れられなくなったナルキッソスは、恋焦がれた果てに死んでしまいます。彼が亡くなった場所には水仙の花が咲くようになりました。水仙の英語名はNarcissus。

『ナルキッソス』ミケランジェロ・メリージ・ダ・カラヴァッジョ　ローマ国立美術館

星座の話④

オリオン座とさそり座

　狩りが得意なアルテミスは、狩猟の腕自慢で巨人のオリオンに恋をしました。兄アポロンはそのことを快く思わず、ある時、海上にある岩のようなものを指して、アルテミスに当てられるかと挑発しました。見事的中したものはオリオンその人でした。悲しみに暮れたアルテミスは、ゼウスに頼んで天の星座にしてもらいました。冬になると、月（アルテミス）はオリオン座を横切るようになりました。

　異説もあります。オリオンはポセイドンの息子です。巨人で美男、性格は傲慢で、狩猟の腕を鼻にかけることに怒ったガイア（ヘラという説あり）は、サソリを放ち殺してしまいます。その功により、サソリは星座になります。オリオンに同情したアルテミスは、ゼウスに頼んでオリオンも星座にしてもらいました。オリオン座は東の空にさそり座が現れると、慌てて西の空に逃げて行くそうです。

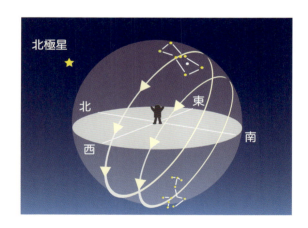

アキレスとヘクトル

　ホメロスの叙事詩『イーリアス』の主人公アキレス（Achilles）は、テティスと人間ペレウスの子であったため不死身ではありません。母テティスはアキレスを不死身にするため、冥界の川ステュクス（Styx）の流れに息子を浸します。しかし、踵を持って川に浸したため、握っていた部分が川の水に浸らず、踵が弱点となりました。アキレスはトロイア戦争に参加しますが、アガメムノンに戦地での妻プリセウスを奪われてしまったため、戦意を喪失してしまいます。

　一方、トロイア側の総大将ヘクトル（Hector）はパリスの兄です。厭戦気分のアキレスに代わって、アキレスの武具を着けて出撃した幼馴染のパトルクロスは、ヘクトルとの戦いで敗れ、殺されます。厭戦気分が吹き飛んだアキレスは、ヘクトルに一騎打ちを挑み、見事倒します。そして、パリスはアポロンの力を借り、矢でアキレスの踵を撃ち抜き、兄の仇を討ちます。「アキレス腱」のことばの由来です。そのパリスもこの戦いで命を落とします。トロイア戦争を題材にした映画『トロイ（*Troy*）』（2004）では、アキレス役をブラッド・ピットが演じていました。この映画でも描かれていますが、死んだ人の両瞼の上に置かれているコインは、冥府を流れるステュクス川の渡し賃で、仏教の世界でいう三途の川の渡し賃（日本では六文銭）です。

Achilles
[əkíliz]

ギリシャの英雄アキレス。
◆ Achilles' heel「急所、弱点」
◆ Achilles' tendon「アキレス腱」（解剖学用語）

Styx
[stíks]

ステュクス川。
◆ as black as the Styx「真っ暗闇の」
◆ cross the Styx「死ぬ」

『アキレスをステュクスに浸けるテティス』ピーテル・パウル・ルーベンスボイマンス美術館
提供：Super Stock／アフロ

Hector
[héktər]

パリスの兄でトロイア側の総大将ヘクトル。理想の夫、理想の父親、高潔な人の代名詞。決闘でアキレスに敗れ、ロープで足を馬車に結ばれ、引きずられるという屈辱を受ける。

プリアモス（ヘクトルの父）
ヘクトルの遺体を要求

Achilles　アキレス

- Achilles was the son between Thetis, a goddess of water and Peleus, a human.
- Thetis told him before going to Troy, "If you go there, you will die."
- Achilles lost his fighting spirit because Agamemnon had taken his wife away.

▶ アキレスは死ぬ運命だったのですか？

テティスの子アキレスは、神と人間との間に生まれたので不死身ではありません。母のテティスは、「アキレスがトロイア戦争に参加したら、息子の名声は千年の長きに渡り伝えられるが、生きて故郷に帰ることはないだろう」と予言しています。

▶ 幼馴染のパトルクロスが、アキレスの武具を着たわけは？

トロイア戦争は10年も続きます。アキレスは獅子奮迅の活躍をしてギリシャ側から恐れられますが、ギリシャ軍の総大将のアガメムノンにより妻プリセウスが奪われ、戦意を喪失したアキレスは戦線を離脱します。ギリシャ軍の士気が落ちたことに業を煮やしたパトルクロスが、アキレスの武具を黙って着用し、戦いに参加します。トロイアのヘクトルは、アキレスと勘違いし、戦いの末、パトルクロスを殺します。彼の死がアキレスの厭戦気分を吹き飛ばしてしまいます。

『トロイ』(2004) ⑥⑥

〈Conversation memo〉

　トロイア戦争でトロイアを滅ぼしたのはギリシャからの贈り物、木馬でした。その故事から生まれた"Beware of Greeks bearing gifts"という諺は、映画でも使われています。

　テロリストと特殊部隊との攻防を描いた『ザ・ロック The Rock』(1996)で、元イギリス秘密情報部員で囚人役のショーン・コネリーが、政府側からニンジンをぶら下げられ、"Timeo Danaos et dona ferentes."と呟きます。それを聞いたFBIの化学兵器スペシャリスト役のニコラス・ケイジは、"Beware of Greeks bearing gifts."と、ラテン語を英語に翻訳してみせます。お互いの教養を認め合ったシーンでした。

Hector　ヘクトル

- Hector was known for his courage and for his noble and courtly nature.
- Hector was thoughtful as well as bold, a good husband and father.
- During the Middle Ages, Hector was considered to be one of the Nine Worthies.

▶ ヘクトルの魅力はなんですか？	有名なアキレスに対して、ヘクトルの名前は日本ではそれほど知られていませんでしたが、映画『トロイ』のヒットで多くの人がヘクトルのファンになりました。勇敢で優しくて、高貴で、しかも上品だからでしょう。
▶ アキレスと戦った時、なぜ逃げなかったのですか？	ヘクトルはトロイア側の最強戦士ですが、どちらかと言うと作戦を立てる方が得意だったようです。武勇の誉れの高いアキレスには勝てないと思っていたのでしょう。妻にトロイアの鉄壁の守りが敗れた時の逃げ道を教え、自分の死を運命として受け入れ、堂々と戦いました。その姿勢が西洋の騎士道の模範と考えられ、中世ヨーロッパでは、「騎士道を体現した九偉人の一人」に数えられています。
▶ 妻のアンドロマケはどうなったのですか？	負けたトロイア側の人たちは戦利品として連行され、妻のアンドロマケは、アキレスの息子の妻になったと言われています。

祇園祭「鶏鉾」

〈Conversation memo〉

　ヘクトルが妻子に別れを告げる構図は、古来より人の心を揺さぶるテーマです。京都の祇園祭で巡行する山車の一つ、「鶏鉾」の見送に描かれているのが決闘に向かう「トロイアの皇子ヘクトルが妻子に別れを告げる図」。このタペストリー（つづれ織り）は16世紀頃ベルギーで製作され、江戸時代初期に輸入されたものと考えられています。国の重要文化財に指定されています。

トロイアの木馬

　難攻不落のトロイアを落とすべく、イタカの王であるオデュッセウス(Odysseus)は一計を案じます。巨大な木馬(Trojan horse)を作り、中に兵を忍ばせ、その木馬を波打ち際に放置して退却したように見せかけました。トロイア側は、木馬を退却中の航海の安全を祈願したものと考えました。この時もカッサンドラは木馬を城内に入れることに反対しましたが、もはや誰も耳を貸さず、勝利の美酒に酔いしれます。トロイア軍が寝静まった頃、木馬の中に潜んでいた兵士は城に火をつけ、開門してギリシャ軍がなだれ込み、長かった戦いは終わりました。トロイア側で生き残ったアエネイス(Aeneas)たちはイタリア半島にたどり着きました。アガメムノンはカッサンドラを連れて帰国しますが、二人とも妻とその愛人に殺されてしまいます。

Odysseus　トロイア戦争でのギリシャ側の総大将オデュッセウス。
[oudísiəs]　ローマ名はユリシーズ(Ulysses)。

Trojan horse　トロイアの木馬。「悪意のコンピュータウィルス」の意味で
[tróudʒ(ə)n]　も使われている。

Aeneas　アエネイス。アプロディーテとトロイアの王族との息子。ト
[ɪníːəs]　ロイアが落城した時、父親と息子を連れて逃げイタリアに
　　　　渡った後、古代ローマ帝国の基礎を作った。

『トロイアの木馬の行進』ジョヴァンニ・ドメニコ・ティエポロ　ナショナル・ギャラリー
提供：TopFoto/アフロ

Odysseus オデュッセウス Ulysses

- Odyssey means a long journey because going back to his hometown took Odysseus ten years.
- Odysseus' wife was so attractive that many men came to propose to her during her husband's absence.

▶ ギリシャ人には気をつけろ？

"Beware of Greeks bearing gifts"「人からの贈り物には気をつけろ」という諺です。この「トロイアの木馬」を城内に入れるのに反対したのは、カッサンドラと神官ラオコーンの二人だけと言われています。この故事からの諺と考えられます。

▶ オデュッセイにはどのような意味がありますか？

オデュッセウスの故郷イタカへの帰途には、10 年の歳月がかかりました。その間に多くの苦難が襲ってきました。トロイア戦争は 10 年続いたので、20 年後に妻と再会を果たしたことになります。このオデュッセウスの物語の英語名は Odyssey で、「長期のさすらいの旅」を意味します。

▶ 奥さんは待ち続けたのですか？

いくつもの苦難を乗り越えて夫は無事帰還しますが、その間の妻の悲しみは想像に余りあります。20 年間に渡る夫不在の妻には、オデュッセウスは死んだと主張する 57 人の求婚者たちが群がっていました。帰国した夫はその事実を伏せ、求婚者たちに夫が使っていた強弓を使いこなせる人と結婚します、と妻に宣言させます。その弓は非常に堅い弓なので、求婚者たちは誰も使いこなせません。そこで、オデュッセウスが軽々と弓を引き絞り、求婚者たちを皆殺しにしました。

〈Conversation memo〉

「トロイアの木馬」（Trojan horse）と呼ばれるコンピュータ・ウィルスがあります。「危険な贈り物」（dangerous gift）を意味します。英英辞典の説明は以下の通りです。

A Trojan horse is a computer virus which is inserted into a program of system and is designed to take effect after a particular period of a time or a certain number of operations.

トロイアの木馬

(*Collins Cobuild New Edition*, Harper Collins Publishers 2003)

オデュッセイア

　ギリシャ神話の始まりである原初の神々については、その多くはヘシオドスの『神統記』に典拠します。それ以降については、紀元前8世紀頃に書かれたホメロスの『イーリアス（Iliad）』と『オデュッセイア（Odysseia）』が重要な地位を占めます。『オデュッセイア』はトロイアの木馬作戦終了後に、オデュッセウスが10年の歳月をかけ、愛妻ペネロペ（Penelope）の許に帰り着くまでの物語です。オデュッセウスの一行が飢えと渇きに苦しみながらようやく流れ着いたのは、ポセイドンの息子で一つ目の巨人キュクロプス族が住む島でした。オデュッセウスたちがその一人であるポリュペーモスの食料を勝手に食べてしまい、激怒した巨人たちに次々と食われていきました。オデュッセウスはワインで酔いつぶし、一つ目に杭を打ち込んで目を見えなくして逃走します。子どもに重傷を負わされたポセイドンの怒りで海は荒れ狂い、航海は難渋を極めました。

　一旦、故郷のイタカを目前にしますが風に押し流され、未知の海をさまよい、魔女キルケ（Circe）の住む島に辿り着きます。1年近くキルケと過ごした後、出発するに当たり「セイレン（Siren）の美しい歌声に我を忘れ、難破する船が多い」とキルケから忠告を受けます。船員たちには蝋で耳栓をさせますが、その歌声を聞いてみたい欲求にかられたオデュッセウスは、ロープで自分の体をぐるぐる巻きにさせてマストに縛りつけるよう命じ、無事通り過ぎることができました。この怪鳥セイレンは人を引きつける音を出すところから、救急車などのサイレンの語源となりました。

　幾多の苦難を乗り越え、10年目にしてようやくイタカに到着します。妻のペネロペには、夫は死んだと主張する求婚者が群がっていましたが、待ち続けた甲斐あって夫は無事帰還しました。長い放浪の末に妻との再会を果たしたオデュッセウスの物語は、『オデュッセイア』、英語でOdyssey「長いさすらいの旅」と呼ばれています。

イリアッドの英雄たち

オデュッセウスとセイレン

オデュッセウス求婚者の殺人

Penelope
[pənéləpi]

オデュッセウスの妻ペネロペ。夫の 20 年に及ぶ不在中に 108 名の求婚者が現れ、「編んでいる編み物が完成したら考える」と返事をし、夜になるとその編み物をほどくことを繰り返し、夫を待ち続けたところからペネロペには「美しい貞淑な妻」の意味がある。

Circe
[sə́ːrsi]

男を家畜や獣に変える魔女キルケ。部下たちは魔法をかけられるが、オデュッセウスはヘルメスからもらった薬草で魔法は効かず、二人は恋に落ちる。

Siren
[sáɪərən]

半女半鳥の海に棲む怪物セイレン。当初は鳥だったが、後に魚の形となり人魚の原型となったとされ、スターバックスのロゴマークはセイレンと言われている。

Odyssey
[ɑ́dəsi]

『イーリアス (*Iliad*)』と共に詩人ホメロス (Homer) の作とされる長編叙事詩『オデュッセイア』。Odysseus の長い苦難の旅から、Odyssey は長期に渡る冒険、さすらいの旅を意味するようになる。SF 映画の金字塔『2001 年宇宙の旅』(1968) の原題は "*2001 A Space Odyssey*"。

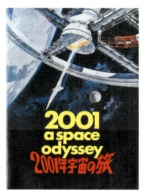

『2001年宇宙の旅』(東宝パンフレット)

『ユリシーズとセイレーンたち』ハーバート・ジェームズ・ドレイパー フェレンス美術館

太陽系の惑星

	ギリシャ名	ローマ名	英語名
太　陽	アポロン / ヘリオス	ソル	アポロ
水　星	ヘルメス	メルクリウス	マーキュリー
金　星	アプロディーテ	ウェーヌス	ヴィーナス
地　球	ガイア	テラ	アース
（月）	セレネ/ディアナ/アルテミス	ルナ/ディアナ	ムーン/ダイアナ/ルナ
火　星	アレス	マルス	マーズ
木　星	ゼウス	ユピテル	ジュピター
土　星	クロノス	サトゥルヌス	サターン
天王星	ウラノス	ウラヌス	ウラヌス
海王星	ポセイドン	ネプトゥヌス	ネプチューン
冥王星	ハデス	プルート	プルート

（注）海王星と冥王星の順序が入れ替わり、2006年には冥王星は準惑星に分類されましたが、神話を解説する上で旧順序にしました。

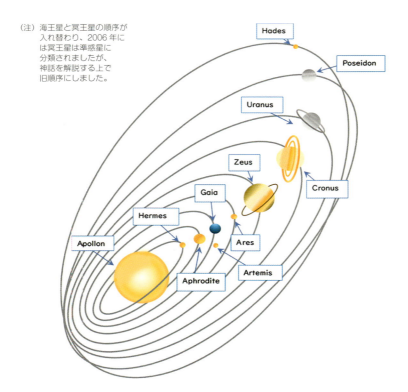

映画からギリシャ神話を理解する

　一般的に、人は教養がある話題の豊富な人との会話を好みます。多くの人と話せる人はアンテナが高い人であり、そういう人には自然と情報が集まってきます。ビジネスの世界でも話題の豊富さは大きな武器となります。その中でもギリシャ神話は、マザーグースと同じように、英米人のみならず世界中の人々の間でも知っておくべき教養の一つになっています。なぜでしょうか。それは古代、部族単位で暮らしていた人間たちがギリシャ神話の神々や英雄たちの価値観に共感し、それを共有してつながっていったからです。その結果、同じ価値観を持つ民族が国々を形成し、そして西洋世界を作り上げてきたと考えられます。当然、ギリシャ神話や英雄、怪物たちなどの話は好んで読み継がれ、現代になって映画も製作されるようになりました。その価値観は普遍的なものであり、洋の東西を問わず人々に人気があり、ギリシャ神話の神や怪物がゲームキャラなどにも使われています。今後も映画やゲームは作られていくことでしょう。しかし、映画やゲームでは現代的な解釈が加えられることが可能で、ギリシャ神話の定説を逸脱した設定にすることは今までも数多くあり、今後も当然あるでしょう。それを鵜呑みにすると、間違った知識を覚えてしまいかねません。ゲームをしているとギリシャ神話から採られたキャラの名前を覚えることはあるでしょうが、それだけでは教養とは言えません。では、ギリシャ神話関係の映画ではどうでしょう。ギリシャ神話をわかったことになるのでしょうか。ギリシャ神話の映画を見て間違った知識を鵜呑みにしないように、映画ごとに注意点をあげておきます。ここに書いてあることに気をつければ、ギリシャ神話を理解する手助けとなるはずです。

　まず、ギリシャ神話では神と英雄（神と人間との間にできた半神半人）の関係は次の三つに分けられます。(1) 神々の争いに英雄が巻き込まれる話、(2) 神の好意を受ける話、(3) 神にいじめられる話。それぞれの神や英雄のキャラクターについては該当ページを参照してください。ここではレンタルショップで借りられるギリシャ神話を扱った映画を取り上げ、どこが脚色されているのかを指摘しています。そうする事で、映画で英語の学習をしながら、ギリシャ神話をベースにした教養も身につけることができるでしょう。ギリシャ神話の英雄たちの冒険譚は映画にするにはうってつけですが、2時間程度で完結する映画にまとめるには、大幅な省略や編集が必要となりま

す。ギリシャ神話の定説のどこが省略され、変更されているかを解説しますが、映画のあらすじについては省略しています。

アルゴ探検隊

アルゴ探検隊の冒険譚は、復讐劇でもあり、家族愛、友情と男女の愛がからんだ物語です。物語の主人公はイアソン（英語名 Jason）で、ヘラの庇護を受けます。イアソンは所有者を幸福にすると言われている黄金の羊の毛皮（金羊毛）を仲間たちと探しに行きます。

『アルゴ探検隊の大冒険』⑥⑦

アルゴの探検隊を扱った映画は 2 本あります。原題は 2 本とも全く同じ *Jason and the Argonauts* で、邦題は『アルゴ探検隊の大冒険』(1963)と『アルゴノーツ伝説の冒険者たち』(2000)です。『アルゴ探検隊の大冒険』は 1963 年制作なので、半世紀以上前の特殊撮影がぎこちないように思えますが、当時としては画期的な映像でした。制作サイドは特殊撮影が効果を出すシーンを選んで撮影したと思われますので、その他のシーンは実にあっさり作られています。一方、『アルゴノーツ』はテレビ放映用に制作されました。

物語は両作品共に、国王であるイアソンの父が叔父のペリアスに殺される場面から始まります。『アルゴノーツ』の方はある程度定説に忠実に描かれています。イアソンは叔父の魔の手を逃れ、半人半馬のケイロンに育てられます。時がたち、イアソンは国王となったペリアスに王国を返すように要求しに行く途中、老婆が対岸に渡れず困っている姿を見て手を差し伸べ助けます。その老婆はヘラで、イアソンの優しさに打たれたヘラは彼を加護していくことになります。『アルゴ探検隊の大冒険』では、ケイロンに預けられる部分や老婆を背負って川を渡る場面は削除されていて、叔父のペリアスが川でおぼれて、それをイアソンが助ける設定になっています。

金羊毛が世界の果てのコルキスにあると知ったイアソンは、探検隊を組織し、ペリアスの息子であるアカストスやヘラクレスも加わります。船はアルゴ号と名づけられ、船尾にはヘラの像がつけられました。『アルゴノーツ』では、音楽家のオルフェウスや女性で弓の名手のアトランテーも加わっていました。

定説では最初に訪れた島はレムノス島ですが、『アルゴ探検隊の大冒険』

ではブロンズ島でした。その島では食料と水以外には手を出さないようにヘラは命じましたが、ヘラクレスがそれを破り、その島の神殿にある宝物を持ち帰ろうとします。すると、青銅の巨人タロスが立ち上がり襲い掛かります。その災難をヘラのアドバイスで切り抜けた後、ヘラクレスはこの探検隊から離脱します。定説ではイアソンたちがこのタロスがいる島に行くのは、金羊毛を手に入れた後です。

『アルゴノーツ』では、最初に訪れた島は女だけの島レムノスです。住民は漂流してきた男たちにごちそうをふるまって油断させ、島の神に捧げるための生贄にしようとしますが、その陰謀をアトランテーが見抜いて無事逃げおおせます。定説ではこの島の女王がイアソンに恋心を抱き、無事に島を送り出すことになっています。

その後、フリージア島に行って盲目の予言者のフィニアスに会い、彼が抱えている困難を解決する事でコルキスへの行き方を教わります。この場面は両方の映画に描かれています。コルキスに行くためには、ポルポス海峡にある生き物が通ると挟み撃ちにするという二つの島を通り抜けなければなりません。『アルゴの探検隊』では、二つの岩が挟み撃ちにしようとするところを、ヘラの要請でポセイドンが現れて助けます。一方、『アルゴノーツ』では鳩を岩の間に飛ばし、行き来させて開閉させる事でアルゴ号はその間隙をぬって通り抜けます。これはほぼ定説通りです。アルゴ号はその後もコルキスに着くまでいくつかの冒険をしますが、映画では2本共その冒険には触れずに、コルキスへの水先案内人を登場させています。『アルゴ探検隊の冒険』ではメディアであり、『アルゴノーツ』ではコルキスの王の長男アプシュルトスです。本来、メディアは単なる巫女ではなく魔女であり、コルキス王の娘です。その二人に案内されてイアソンはコルキスに着くことが出来ます。

『アルゴ探検隊の大冒険』では、コルキスの王はイアソンが金羊毛を取りに来たことをペライアスの息子のアカストスの密告によって知り、イアソンたちを監禁します。しかし、メディアが牢から救い出し、金羊毛を守っているヒュドラを倒して金羊毛を奪います。途中でメディアが矢で撃たれますが、金羊毛をかけると生き返ります。追跡するコルキス王が死んだヒュドラから歯を抜き取ってそれを大地に蒔くと、そこから骸骨の戦士が7体も現れイアソンたちに戦いを挑みます。イアソンたちはほうほうの体で逃げ出し、海に飛び込んで船にたどりつき、故郷に向かって船出するところで映画は終わります。定説ではヒュドラ退治はヘラクレスの12の難行の一つであ

り、イアソンとは全く関係ありません。また、イアソンの冒険譚はここで終わりではありません。

　『アルゴノーツ』では、定説通りにイアソンにメディアは恋をします。コルキスの国王はイアソンに対して、金羊毛が欲しければ火を吐く牡牛を手なづけ、竜の歯を畑に蒔くように命じます。メディアは魔術を使って牡牛の火を浴びても火傷をしない薬をイアソンの全身に塗り、その牡牛を退治して畑に竜の歯を蒔きます。するとその歯が骸骨に変わり、数体が剣を持ってイアソンに襲い掛かりますが、これも見事に退治します。宮殿に戻るとイアソンの成功を祝す宴会が開かれ、王がイアソンとメディアの婚約を発表し、それと同時に、王はイアソンにコルキスから出国するのを禁じます。国王の長男アプシュルトスは、イアソンがメディアと結婚すると自分が国王になれないと考え、イアソンに襲い掛かりますがメディアに殺されます。その後、ヘラクレスが追っ手を引き止めますが、多勢に無勢でヘラクレスは討ち死にし、天に召されます。イアソンはメディアの案内で竜を退治し、金羊毛を奪ってアルゴ号に乗り込みます。逃げる途中アカストスは矢に射抜かれ重体となりますが、メディアの薬で快復します。途中の島で青銅の巨人タロスに襲われますが、ここでもメディアの力で切り抜けます。

　故郷に帰ったイアソンを待っていたのは母の死の報せです。イアソンがそのことで自分を見失っているときに、アカストスが金羊毛を盗み、父の待つ宮殿に凱旋します。しかし、不老不死を願うペライアスは、息子であるアカストスを殺して金羊毛を奪います。そこにイアソンたちが秘密通路からなだれ込み、ペライアスを殺し、最後はメディアとイアソンが結婚をして終わります。ギリシャ神話の定説と異なるのは、アプシュルトスはメディアの弟であり、メディアは逃避行に弟を連れてアルゴ号に乗り込みます。そして、国王である父に追いつかれそうになった時、メディアは国王の目の前でアプシュルトスを殺し、バラバラにして海に投げ込みます。国王の船がその遺体を回収しているすきにアルゴ号は逃げおおせます。また、イアソンが故郷に帰った後もメディアがペライアスの娘をそそのかし、国王の座をイアソンに譲らない父親を殺させます。このように、イアソンを愛するがあまり激情にかられるメディアは時に魔女と呼ばれます。これらのシーンは残酷であり、TV映画には向かないと考えられカットされたのでしょう。イアソンとメディアの物語はまだ続きますが、この2本の映画では扱っていません。続きが気になる人は本をお読みください。

■『タイタンの戦い（*Clash of the Titans*）』（2004）

　1981年の同名の映画のリメイク作品。エンタメ色の強い特撮映画の前作と比較すると、特殊撮影の出来が格段に良くなっています。時代設定は星座ができる前で、この映画に登場する人物や怪物が星座になります。冥界の王ハデスも、主役であるペルセウス（ペルセウス座流星群）もタイタン族ではありません。したがって、この映画のタイトルは適切ではないかもしれません。カシオペア（カシオペア座）の娘のアンドロメダ（アンドロメダ座）が、国を守るために怪物クラーケンの餌食にされそうになります。その怪物は、正しくはケートス（くじら座）なのですが、この映画では北欧神話の怪獣であるクラーケンと呼んでいます。ペガサスに乗ったペルセウスはクラーケンをメデューサの首で石にし、アンドロメダを救い、妻にします。

『タイタンの戦い』（1981）⑱　　『タイタンの戦い』（2010）⑲

● トロイア戦争

　トロイア戦争は神の代理戦争と言われています。トロイア戦争のきっかけとなるパリスの審判によって、「最も美しいものへ（To the fairest）」と書かれたリンゴを手に入れたアプロディーテとトロイアの守護神であるアポロン、その妹アルテミスはトロイア側です。一方、リンゴがもらえなかったヘラとアテナ、そして妻のアプロディーテに不倫をされたヘパイストスはギリシャ側です。

　次に、ギリシャ側の英雄はアキレスとオデュッセイアで、最高司令官はアガメムノンです。その弟で、妻のヘレンをトロイアのパリスに奪われたメネラオスもいます。トロイアの国王はプリアモスで、英雄はヘクトルです。トロイア戦争を描いた映画に『トロイ』があり、この映画の主役はアキレスです。オデュッセウスはアキレスを戦場に引き出したことと、トロイの木馬の

発案者としての役割しか与えられていません。

■『トロイ（Troy）』（2004）

　この映画は、10年間続いたトロイア戦争をわずか1か月間程度の戦争として描いています。したがって、かなりのエピソードが省略されたり変更されています。省略の最たるものはトロイア国の王女カッサンドラが出てこないことです。彼女はトロイアの守護神であるアポロンと恋仲になり、プレゼントとしてアポロンから予知能力をもらいます。しかし、その予知能力のためにアポロンとの関係は破綻も見え隠れし、アポロンと距離を置くようになります。アポロンは怒って予知能力を奪おうとしますが、ひとたび与えたものは取り消せず、アポロンは彼女の予知を人々が信じないようにしてしまいます。そのため、カッサンドラはパリスがヘレンを連れてきた時にトロイが滅びることになると予言した時も、木馬を城内に引き入れた時に、この木馬が災難をもたらすと予言た時も、誰も信じませんでした。トロイアが滅び、ギリシャ軍の総大将アガメムノンに連れていかれますが、カッサンドラは自分とアガメムノンは殺されるとわかっていました。そういう悲劇の王女の話が、この映画では省略されてしまっています。

　アガメムノンとその弟のメネラウスについても、定説では二人ともギリシャに生還していますが、この映画では戦争の最中に殺されてしまいます。メネラウスはパリスとの決闘の後にヘクトルに殺され、兄アガメムノンはアキレスの愛人のブリセイスに殺されます。また、映画ではアキレスは木馬でトロイアの城内に入り、そこでパリスにかかとを射抜かれて死んでしまいますが、定説ではオデッセウスが木馬作戦を考えつく前の戦闘で、パリスに射抜かれて死んでしまいます。また、この映画ではトロイア側の国王プリアモスの息子にはヘクトルとパリスの2人の息子しか出てきませんが、実際には息子は50人ほどいたそうです。この映画でも、ヘクトルは常に果敢に先陣を切って敵に挑みかかります。王子は使い捨てのような宿命を課せられていたようですが、勇敢に戦って生き残った王子が、運と勇気と強さを持ち合わせ、国を引っ張っていくリーダーとして国王になる資格があると考えられていたのでしょう。

■『オデュッセイア　魔の海の冒険（*The Odyssey*）』（1997）

オデュッセウスがその名を輝かしいものとしたのは、トロイア戦争後にトロイアから故郷に帰還する際、ポセイドンに罪を与えられて海で漂流し、さまよいながら長い間旅をする物語があるからでしょう。この作品は、トロイアの木馬を考えだした知恵者オデュッセウスの冒険譚です。特に、トロイア戦争後に焦点が当てられていますので、トロイア戦争の部分は非常に短く、アキレスが戦死してから木馬が登場するまではあっさりと描かれています。

『オデュッセイア』⑰

　オデュッセウスがトロイアの街を亡ぼしたことを自慢し、自分の知恵のあるところを誇ったことでポセイドンの怒りを買い、その罰として海を漂流させられるところからこの映画は本格的に始まります。漂流して食料が尽きかけたオデュッセウスの一行は、一つ目の巨人族であるキュプロスの島にたどり着きます。その巨人族の一人がポリュペモスで、羊を飼って生活をしています。オデュッセウスの一行がポリュペモスの住みかに入り、彼のチーズを無断で食べてしまいます。ポリュペモスは怒り狂い、オデュッセウスの一行を一人ずつ食べていきます。オデュッセウスはポリュペモスに名前を聞かれ「ウーティス（誰でもないの意味）」と答えます。その後、オデュッセウスはポリュペモスをワインで酔わせて眠らせ、先のとがった木で目を刺して逃げます。ポリュペモスが仲間に助けを求めますが、兄弟が「誰にやられた」と聞いても、「ウーティス」としか答えないので兄弟は相手にせず、オデュッセウスの一行は逃げおおせます。英国のある刑事ドラマで、取り調べの段階で自分を「ウーティス」と自己紹介したことから、刑事が正体を見抜いて犯罪を解決する話がありました。「なぜわかったんだ」と犯人が刑事に聞くと、「教養人ならウーティスが犯人だと気づくよ」と刑事は答えました。このように、知らないと見過ごしてしまうようなことに気づくのが学ぶ楽しさでもあるのです。

　漂流は続き、人間を動物に変えてしまう魔女キルケが住む島にたどり着きます。そこにゼウスの使いヘルメスが現れ、キルケの魔法を効かなくする薬をもらいます。その後、冥界に行って預言を聞いたり、美しい歌声で聴く者を虜にして、そこにずっといたいと思わせてしまうセイレンの海を渡り切り

映画からギリシャ神話を理解する　157

ます。しかし、渦潮を擬人化したというカリュブディスに他のメンバーが飲み込まれて、オデュッセイはたった一人になってしまいますが、アテナの助けもあって出発してから 10 年後に故郷に着き、愛妻のペネロペアと息子に再会します。夫をずっと待ち続けたペネロペの名は、美しく貞節な女性を表す代名詞となりました。

　この旅からオデュッセイという言葉は、長い旅を表す言葉としてよく使われます。マット・デイモンが主役の映画『オデュッセイ』(2015)の原題は *The Martian*（火星人）です。火星探検隊の一員でありながら事故に巻き込まれ、たった一人火星に残された主人公のサバイバルと、長い時を経ての帰還を描いているため、邦題をオデュッセイとしたのでしょう。さらに、この映画では火星と地球を回っている宇宙船をヘルメスと呼んでいます。ゼウスの使いをする神であるヘルメスが『オデュッセイ　魔の海の冒険』にも登場するので、その連想もあるのかもしれません。

ギリシア神話と現代世界を融合した映画

　『パーシー・ジャクソンとオリンポスの神々』シリーズは、ギリシャ神話に現代的な解釈を加えて製作されています。この映画では神と人間の子どもはデミ・ゴッドとかハーフ・ゴッドと呼ばれています。ギリシャ神話においては、ヘラクレス、ペルセウス、テセウスが有名です。この映画はアメリカ合衆国の作家リック・リオーダンによる、デミ・ゴッドの少年パーシー・ジャクソンを主人公にした小説のシリーズが原作です。ただ、小説と映画はかなり異なります。ここではギリシャ神話を理解しているとこのような見方ができるという観点で記述します。

■『パーシー・ジャクソンとオリンポスの神々（*Percy Jackson & the Olympians : The Lightning Thief*）』(2010)

　ギリシャ神話ではオリンポスの山は神々が住む山ですが、このシリーズではニューヨークのエンパイアステートビルの 600 階に存在します。映画のエピソードの内、ギリシャ神話と関係する箇所を解説します。

　まず、登場人物を理解しておきましょう。この映画には多くのデミ・ゴッドが登場します。主要な 3 名はポセイドンの子で男の子パーシー、ヘルメスの子で男の子ルーク、アテナの子で女の子アナベル。下半身がヤギのローバーは半人半獣の自然の精霊です。

　パーシーが謎の生物に襲われて身の危険を感じ、デミ・ゴッドの訓練所に

入ることになります。その直前にハデスに命じられたミノタウロスに襲われ、母親をさらわれてしまいます。神話の定説では、ミノタウロスはラビリンスに閉じ込められ、テセウスに退治された牛頭人です。訓練所の指導者はケンタウロス族の賢者と言われるケイロンで、イアソンの養育者でもあり、ヘラクレスを鍛えたことでも有名です。

デミ・ゴッドの一人であるルークがパーシーに冥界への行き方を教えてくれたのは、ルークの父親がヘルメスだからです。ゼウスの使いと

『パーシー・ジャクソンとオリンポスの神々』⑦

してよく冥界にも行っていた父親が持っていた空飛ぶ靴も、ルークはパーシーに与えました。

冥界から帰る方法は、冥界の神であるハデスの妻のペルセポネが関係しています。ハデスはゼウスの娘のペルセポネをさらって強引に妻にしました。そのため、ペルセポネはよく地上の母のもとに帰ります。つまり冥界と地上を行き来しているのです。この映画では、ペルセポネが隠した真珠によって冥界から地上に帰ることができるとされています。パーシーたちはその真珠のありかを探します。

一つ目の真珠はメドゥーサの住みかにありました。メドゥーサはその目を見るものを石に変えてしまう魔力があり、住みかには変えられてしまった石が転がっていました。メドゥーサはつかまえたアナベルの髪を触って、「私も昔は美しい髪をしていた、でもあなたの母親が私を呪ったために…」と呟きます。メドゥーサは元々髪の美しい少女でしたが、「私の髪はアテナの髪より美しいわ」と自慢したためにアテナの怒りを買い、化け物に変えられてしまったエピソードを表しています。そこで、パーシーはメドゥーサを直接見ることなくスマホの表面に彼女の顔を映し、近づいて首をはね、その首を旅に持っていくことにします。

二つ目の真珠の隠し場所は、テネシー州ナッシュビルにあるアテネのパルテノン神殿の原寸大の複製建築です。そこの中心には13mのアテナ像があり、そのアテナの額のバンドには真珠がはめ込まれています。ヘルメスの翼が生えた靴で飛んでいったパーシーは、真珠を手に入れますがヒドラが現れます。五つの頭を持ち、真ん中の頭が火を噴くというヒドラは、全ての首を切り落とすと頭が倍に増えて再び襲い掛かってきます。それをグローバーが

メドゥーサの首を見せることで退治します。これは、ギリシャ神話で英雄ペルセウスが、海の怪物のケートスを退治する際に使った方法です。

　三つ目の真珠のありかはラスベガスのロータス・ホテルにあります。ホテルのカジノに行くと、ロータスの花の形をしたお菓子を勧められます。そのお菓子を食べると感覚がマヒし、ただそこで遊んでいたいという気持ちになってしまいます。食べてしまった3人のうちパーシーが目覚め、カジノのルーレットにあった真珠を取って逃げます。この話は次のエピソードが元になっています。オデュッセウスの船隊がトロイアからの帰途、ロートパゴス族の住む島にたどり着き、部下たちが島の住民からロータスの花をもらって食し、あまりに美味だったのでそれを食べた者はみな望郷の念も忘れ、この土地に住みたいと思うようになってしまいました。オデュッセウスは嫌がる部下たちを無理やり船まで引きずって行き、やっとの事で出航したというものです。

　ここまでを理解しておくとこの映画を楽しむことができるでしょう。

■『パーシージャクソンとオリンポスの神々　魔の海（Percy Jackson : Sea of Monsters)』(2013)

　前作に引き続きこの映画も現代に生きるデミ・ゴッドたちの冒険譚です。パーシーやアナベルに加え、軍神アレスの娘クラリサもいます。映画の背景を説明すると、神々の王だったクロノスは3人の息子ゼウス、ポセイドン、ハデスに敗れ、タルタロスに閉じ込められていました。ヘルメスの子ルークは金羊毛で作られた魔力を持つ布でクロノスを蘇えらせ、ゼウスたち神の国であるオリンポスを破壊しようとします。それに対抗してオリンポスの破壊を食い止めようとするデミ・ゴッドたちとルークたちと

『パーシージャクソンとオリンポスの神々　魔の海』⑫

の戦いです。パーシーたちデミ・ゴッドが暮らす訓練所には、ゼウスの娘タレイアが命を落とした際に木に姿を変え、タレイアの木として外敵から守るための結界を張っていました。ところが、ルークが毒を盛ったために枯れかけており、生き返らせるためには金羊毛が必要でした。バミューダトライアングルと呼ばれる魔の海にあるという金羊毛探しの冒険譚もこの戦いに絡んできます。

『アルゴノーツ』では、金羊毛はコルキスという黒海の東の国にあるのですが、この映画ではフロリダ沖にあるという設定になっています。そしてこの映画で使われるエピソードや登場する神や怪物などは、ほとんどが『アルゴノーツ探検隊の大冒険』と『オデュッセイア』に描かれているものです。前もってその映画を見て解説を読んでおくと、よりわかりやすく面白く見ることができます。

　まず、一つ目のサイクロプスはポセイドンの子どもなので、パーシーと異母兄弟です。ポリュペモスはサイクロプスの一人で、『オデュッセイア』に登場します。コルキスの火を吐く牡牛は『アルゴ探検隊の大冒険』にでてきます。ヘカトンケイルは手が百本ある巨人ですが、映画にはあまり出てきません。ヘイパイストスはヘラの息子で、鍛冶の神様です。映画には出てきませんが武器を作るので、ゲームキャラとして重宝されています。アキレスの武器を作ったのもヘイパイストスです。ヘルメスはオリンポスの神であり、ゼウスの使いでヘビが2匹絡まっている杖（カドゥケウス）を持っています。カリュブディスは海の大渦を擬人化した神であらゆる物を飲み込んでしまいます。オデュッセウスの部下たちが飲み込まれ、オデュッセウスただ一人生き残ります。この映画では、物が消えるという魔の三角地帯の原因をこのカリュブディスの仕業としています。このような情報があれば、ベースとなるギリシャ神話を踏まえて映画を楽しめるでしょう。

ちょっと要注意なヘラクレス

　ヘラクレスはギリシャ神話の登場人物の中でも格段に人気があります。史上最強、縦横無尽で情も深い、まさにスーパーマンです。そのため、ヘラクレスを扱った映画は世界各国で数多く作られており、一説には40本以上あると言われ、日本で見ることができるのは主にアメリカ映画です。アメリカ映画の特徴は、ヒーローもの、勧善懲悪、愛（恋愛、家族愛、友情）、わかりやすいストーリーで単純明快、サクセスストーリー、ハッピーエンドと言われています。そのアメリカ映画の特徴を全て兼ね備えているのが「ヘラクレスもの」なのですが、そのうちの何本かは個性的でオリジナルな作りになっており、ギリシャ神話の定説をかなりアレンジしています。

　まず、ヘラクレスについて簡単に解説しましょう。父親はゼウス、母親は人間アルクメネとのデミ・ゴッド（半神半人）です。いわば不貞の子ゆえに、生まれて間もない頃からゼウスの妻ヘラの嫉妬によって狂気を吹き込まれたり、苦難を与えられたりします。最終的には12の難行をこなすわけです

が、最後はヘラと和解して死後天に昇り、星となって神の仲間入りを果たします。

　ヘラクレスの映画の特徴をまとめてみましょう。「史上最強」で「縦横無尽」な面は、輝かしいヒーローとしてサクセスストーリー仕立てでハッピーエンドに、女性にもてて「情が深い」面は、美しい恋愛仕立てになっています。では、映画ではギリシャ神話の定説がどのようにアレンジされているかを見ていきましょう。

■『ヘラクレス（HERCULES）』（1997）

　ディズニーの長編アニメで、ヘラクレスの恋と冒険の旅を中心に話が展開しています。子ども向けですから英語がわかりやすく、英語学習にはふさわしい映画といえます。5人のソウルシンガーがナレーションの代わりに歌うなど、全体を通してミュージカル風に仕上がっており、ディズニー映画らしく楽しい雰囲気で話が進んでいきます。内容も子ども向けということもあり、ヘラクレスは不貞の子ではなく、ゼウスとヘラの息子という設定になっています。したがって、ヘラではなく冥界の神のハデスがヘラクレスを迫害します。定説ではハデスは3兄弟の中で穏やかで真面目な性格なのですが、冥界が暗い悪のイメージとなってしまうのか、映画では冷徹な役回りとなっています。

■『ザ・ヘラクレス（THE LEGEND OF HERCULES）』（2014）

　2014年にはヘラクレスの映画が2本公開されましたが、それぞれで話の展開が異なります。まず、『ザ・ヘラクレス』では映像はCGを駆使し、スローモーションを至るところで使用し、雪のようなものをちらつかせてファンタジー的な雰囲気を出したりなど、神々しさを感じさせる演出で仕上げています。ストーリーはヘラクレス誕生秘話から始まります。ティリンスの王アンピトリュオンは暴君で、それを止めさせようと王妃アルクメネは女神ヘラに助けを求めます。すると、

『ザ・ヘラクレス』⑦

ヘラは夫を裏切り、ゼウスと交わってその子を救世主として産むようアルクメネに告げ、その結果ヘラクレスが誕生します。ギリシャ神話の定説では、ヘラクレスはゼウスとアルクメネの子である点は同じですが、実際はゼウス

がアルクメネの夫に変身して交わった末に出来た子です。ヘラは嫉妬に狂い、ヘラクレスに苦難を与え続けます。

　その後の映画での話の展開は、20年経って成長したヘラクレスとクレタ島の姫ヘベとの純愛が軸となります。しかし、その純愛を異父兄のイピクレス（父はアンピトリオン）が邪魔をするべく息子との政略結婚を企てます。ヘラクレスはヘベと逃亡するも捕えられ、罰として戦地へ送られます。やがてヘラクレスは戦火を生き延びて帰還し、再会を果たしてヘベと結ばれるのですが、イピクレスがヘベを人質に取りヘラクレスを脅すと、ヘベはイピクレスを殺し自刃して果てるという結末を迎えます。定説ではヘベはゼウスとヘラの娘で青春の女神であり、死後に天界の神の一員となったヘラクレスとヘラの許しを得て結婚します。ギリシャ神話に関する書物では、最後にほんの少ししか触れられていないヘベを映画のストーリーの中心軸に添えたのは、幾度となき試練を乗り越えて最後にヘベと夫婦になるという、一人の男としてのヘラクレスの生き方を映画のメインテーマにしてしているかのようです。

■『ヘラクレス（*HERCULES*）』（2014）

　一方、同じく2014年に公開されたこの作品は、ヘラクレスをモチーフにした映画の常識を覆します。これまでのいわゆる「ヘラクレスもの」は全て12の難行の試練を見せ場としながら、半神半人である英雄が「神らしさ」を存分に発揮した生き方を追うパターンでしたが、本作品では映画が始まってものの4分もしないうちに、ヘラクレスの誕生秘話から水蛇ヒュドラの頭を打ち落し、エリュマントスの暴れ猪をこん棒で殴り倒し、ネメアのライオンを素手で絞め殺すまで（定

『ヘラクレス』 ⑭

説とは順序が違いますが）を、さらっと映し終えてしまいます。映画としての焦点は難行の後の物語に当てられ、仲間との関わり合い（傭兵稼業）の中で一人のヘラクレスとしての生き様を深く掘り下げ、英雄の「人間らしさ」の部分を全面的に描き出している点で他に類をみない作品です。

　難行を乗り越えて伝説と化したヘラクレスは、ミュケナイ王エウリュステウスの策略により毒を盛られ、意識を失っている間に妻メガラと我が子が惨殺された事件の後、追われるように祖国を後にして金稼ぎのために傭兵とな

り、仲間と共にギリシャ諸国を渡り歩きます。定説ではヘラに狂気を吹き込まれたことにより、ヘラクレス自らの手で我が子を火の中に投げ込むことで子殺しが実行されますが、映画ではエウリュステウスの策略によって妻子が殺されるという設定にすることで、勧善懲悪の英雄として、また家族愛を際立たせるのに一役買っているようです。

あるとき、酒場にトラキア国の王女ユージニアがヘラクレスの前に現れ、反乱軍から王国を守って欲しいと懇願されます。気乗りしなかったヘラクレスでしたが、黄金の報酬を積まれて引き受けます。定説では、ヘラクレスはミュケナイ王にトラキア国王ディメデスに飼われている人食い馬生捕りの難行を命じられ、そのためトラキア国を訪れる設定です。映画では話の中心はトラキア国の内乱であり、王女とその息子アリウスとの関わりがヘラクレスの心の変容に影響を与えるものとなっており、トラキア国との関わりが定説とは違っています。映画の結末はコテュス王の陰謀が暴かれ、仲間と共に助け合いながら、神的な力をみせつけつつも人間味あふれるシーンと相まって、一人の人間が英雄として勝利を収めることで締めくくられます。定説では数々の苦難を乗り越えた死後に、神として天界の一員になるのであって、このエピソードからも映画は定説からかなり逸脱したラストシーンになっているのがわかります。

■『SF超人ヘラクレス（*Hercules In New York*）』（1970）

ギリシャ神話をモチーフにしたB級コメディ映画で、アーノルド・シュワルツェネッガーのデビュー作でもあります（当時はアーノルド・ストロング）。ヘラクレスがゼウスに反抗し、天界のオリンポスから人間界のニューヨークに飛行機に乗ってやってきて、人間界の生活を謳歌します。最後はヘラクレスの経験談を聞いたゼウスが、自分も人間界へ降りていくというオチです。定説と比べるに及ばず、ヘラクレスがデミ・ゴッドでゼウスの子であること以外はオリジナルで作られたものですが、このようなコメディ映画のモチーフにもなるのも、ギリシャ神話が世界的に愛されているからでしょう。

ギリシャ神話を扱った映画で英語を学習する方法

神話の世界の話です。神が持つ魔力やパワーを映像化し、想像上の生き物を登場させても白けることはありません。観客も非日常の世界に浸れます。登場人物が英語を話していてもギリシャ・ローマ神話が白人の文化であるた

め違和感はありません。アメリカは人種のるつぼです。子孫をたどればギリシャ系やイタリア系はかなりの割合に上ります。神話の世界が自分たちのルーツと考えてすぐに感情移入できます。日本でもNHKの大河ドラマが人気があるように、神話の中の英雄譚を自分たちの祖先の歴史だと確認しているのかもしれません。西洋人にとってギリシャ・ローマ神話は、自分たちのルーツを知りたいという根源的な欲求があるのかもしれません。そのため、彼らとの会話で盛り上がる話題の一つであることは間違いないと言えるでしょう。

　今まで解説してきた映画を、まず日本語字幕入りで何度か見て内容を理解します。次に、英語字幕で見てみましょう。映像を見ても英語の字幕の意味がわからないようであれば、字幕を一時停止して辞書で意味を確認します。日本語字幕と照らし合わせる方法もありますが、意訳され過ぎていることがあるので注意しましょう。英語字幕だけでわかるようになったら、字幕をオフにしてみてください。それで大体理解できるようになったらいよいよ最終段階です。映画の登場人物のセリフを聞いて、すぐ後に続いてシャドーイングしてみましょう。これが出来るようになると、かなり英語が上達していると言えるでしょう。費用もかからず、楽しみながら英語が話せるようになる方法です。1日に15分でも、毎日欠かさず続けることが肝心です。

■参考文献

Chapter 1　映画のヒーローと悪役

American Film Institute.（2003）. AFI's 100 Years…100 Heroes & Villains
　　　https://www.afi.com/100Years/handv.aspx　（2019.4.22 閲覧）
Bell, Elizabeth, Haas, Lynda, & Sells, Laura.（1995）. *From mouse to mermaid: The politics of film, gender, and culture.* [Kindle version]. Indiana University Press.
Ebert, Roger.（1982.1.28）Reviews: Star Trek II: The wrath of Khan.
　　　https://www.rogerebert.com/reviews/star-trek-ii-the-wrath-of-khan-1982
Giroux, Henry A., & Pollock, Grace.（2010）. *The mouse that roared: Disney and the end of innocence.* [Kindle version]. Rowman & Littlefield Publishers.
Johnson, Cheu.（2013）. *Diversity in Disney films: Critical essays on race, ethnicity, gender, sexuality and disability.* [Kindle version]. McFarland.
Lippi-Green, Rosina.（1997）. *English with an accent: Language, ideology, and discrimination in the United States.* London: Routledge.
奥村みさ，スーザン・K・バートン，板倉厳一郎（著）（2007）.『映画でわかるアメリカ文化入門』松柏社．
小堀龍之「肌トラブル多い？　米映画の悪役　主人公は喫煙しても美肌」朝日新聞デジタル　https://www.asahi.com/articles/ASKBY5HT4KBYULBJ002.html
　　　　　　　　　　　　　　（2017.11.22 閲覧（2009 年 3 月現在公開期間終了済））
鈴木透（1998）.『現代アメリカを観る―映画が描く超大国の鼓動』丸善ライブラリー．
竹中正治（2008）.『ラーメン屋 vs. マクドナルド―エコノミストが読み解く日米の深層』（新潮新書）新潮社．
若桑みどり（2003）.『お姫様とジェンダー―アニメで学ぶ男と女のジェンダー学入門』（ちくま新書）筑摩書房．

Chapter 2　マザーグース

Opie, Peter and Iona.（1951）. *The Oxford Dictionary of Nursery Rhymes.* Oxford University Press
Opie, Peter and Iona.（1985）. *The Singing Game.* Oxford University Press
鳥山淳子（1996）.『映画の中のマザーグース』スクリーンプレイ．
鳥山淳子（2002）.『もっと知りたいマザーグース』スクリーンプレイ．
夏目康子・藤野紀男（2008）.『マザーグース イラストレーション事典』柊風舎．（藤野紀男先生と柊風舎編集部には、イラストの転載を快諾いただきました。感謝の意を表します。）
藤野紀男（1983）.『知っておきたいマザーグース〈part 1〉』三友社出版．
藤野紀男（1987）.『マザーグース案内』大修館書店．
町田嘉章・浅野建二（編）（1984）.『わらべうた―日本の伝承童謡』（岩波文庫）岩波書店
鷲津名都江（1996）.『マザー・グースをたずねて』筑摩書房．

Chapter 3 ギリシャ神話と映画

阿刀田高（1994）.『新トロイア物語』講談社．
阿刀田高（1981）.『ギリシア神話を知っていますか』新潮社．
阿刀田高（2011）.『ローマとギリシャの英雄たち＜黎明篇＞―プルタークの物語』（新潮文庫）新潮社．
阿刀田高（2011）.『ローマとギリシャの英雄たち＜栄華篇＞―プルタークの物語』（新潮文庫）新潮社．
阿刀田高（1997）.『ホメロスを楽しむために』新潮社．
アポロードス，高津春繁（訳）（1978）.『ギリシア神話』（岩波文庫）岩波書店．
新井明，丹羽隆子，新倉俊一（編）（1991）.『ギリシア神話と英米文化』大修館書店．
池上英洋，川口清香，荒井咲紀（2016）.『いちばん親切な西洋美術史』新星出版社．
逸見喜一郎（2011）.『NHK カルチャーラジオ 文学の世界―ギリシャ神話 ルネッサンス・バロック絵画から遡る（NHK シリーズ）』NHK 出版．
井出洋一郎（2010）.『ギリシャ神話の名画はなぜこんなに面白いのか』（中経の文庫）中経出版．
オウィディウス，中村善也（訳）（1981）.『変身物語〈上〉』（岩波文庫）岩波文庫．
串田孫一（1990）.『ギリシア神話』（ちくま文庫）筑摩書房．
呉茂一（2007）.『ギリシア神話（上）』（新潮文庫）新潮社．
高津春繁（1960）.『ギリシア・ローマ神話辞典』岩波書店．
高津春繁（1965）.『ギリシア神話』（岩波新書）岩波書店．
里中満智子（1999 ～ 2001）.『マンガ ギリシア神話』全 8 巻 中央公論新社．
島崎晋（2012）.『読みだしたら止まらなくなる ギリシャ・ローマの神話がよくわかる本』総合法令出版．
庄子大亮（2016）.『世界を読み解くためのギリシア・ローマ神話』（河出ブックス）河出書房新社．
新人物往来社（編）（2010）.『ギリシャ神話―神々の愛憎劇と世界の誕生』（ビジュアル選書）KADOKAWA（新人物往来社）．
杉全美帆子（2017）.『イラストで読むギリシャ神話の神々』河出書房新社．
千足伸行（2006）.『すぐわかるギリシャ・ローマ神話の絵画』東京美術．
曾野綾子，田名部昭（1994）.『ギリシアの英雄たち』（講談社文庫）講談社．
曾野綾子，田名部昭（1998）.『ギリシア人の愛と死』（講談社文庫）講談社．
中野京子（2015）.『名画の謎 ギリシャ神話編』（文春文庫）文藝春秋．
中村善也・中務哲郎（1981）.『ギリシア神話』（岩波ジュニア新書（40））岩波書店．
西村賀子（2005）『ギリシャ神話―神々と英雄に出会う』（中公新書）中央公論新社．
丹羽隆子（1985）『ギリシア神話―西欧文化の源流へ』大修館書店．
野尻抱影（1977）『星の神話・伝説』（講談社学術文庫 163）講談社．
ヘシオドス，廣川洋一（訳）（1984）『神統記』（岩波文庫）岩波書店．
ホメロス，松平千秋（訳）（1992）『イリアス（上）』（岩波文庫）岩波書店．
ホメロス，松平千秋（訳）（1992）『イリアス（下）』（岩波文庫）岩波書店．
マルグリット・フォンタ，遠藤 ゆかり（訳）（2018）.『100 の傑作で読むギリシャ神話の世界：名画と彫刻でたどる』創元社．

■クレジット一覧　※2019年4月の情報です。

① 『アバター』
ブルーレイ発売中
20世紀フォックス ホーム エンターテイメント ジャパン

② 『カンフー・パンダ』
Blu-ray：1,886円+税／DVD：1,429円+税　発売中
発売元：NBCユニバーサル・エンターテイメント

③ 『ハリー・ポッターと賢者の石 コレクターズ・エディション』
ブルーレイ ¥3,990 +税／DVD ¥2,990 +税
ワーナー・ブラザース ホームエンターテイメント
Harry Potter characters, names and related indicia are trademarks of and ©Warner Bros. Entertainment Inc.
Harry Potter Publishing Rights ©J.K.R.
©2014 Warner Bros. Entertainment Inc. All rights reserved.

④ 『ロッキー』
ブルーレイ発売中
20世紀フォックス ホーム エンターテイメント ジャパン

⑤ 『インディ・ジョーンズ レイダース 失われたアーク《聖櫃》』
Blu-ray：1,886円+税／DVD：1,429円+税　発売中
発売元：NBCユニバーサル・エンターテイメント

⑥ 『ダイ・ハード』
ブルーレイ発売中
20世紀フォックス ホーム エンターテイメント ジャパン

⑦ 『ラストサムライ』
ブルーレイ ¥2,381 +税／DVD ¥1,429 +税
ワーナー・ブラザース ホームエンターテイメント

⑧ 『ダイ・ハード 4.0＜特別版＞』
ブルーレイ発売中
20世紀フォックス ホーム エンターテイメント ジャパン

⑨ 『スパイダーマン™』
発売中 4K ULTRA HD & ブルーレイセット 4,743円（税別）／Blu-ray 2,381円（税別）／DVD 1,410円（税別）
発売元・販売元：ソニー・ピクチャーズ エンタテインメント

⑩ 『ハンコック』
発売中 4K ULTRA HD & ブルーレイセット 4,743円（税別）／Blu-ray 2,381円（税別）／DVD 1,410円（税別）
発売元・販売元：ソニー・ピクチャーズ エンタテインメント

⑪ 『アイアンマン』
発売中 Blu-ray 2,381円（税別）／DVD 1,410円（税別）
発売元・販売元：ソニー・ピクチャーズ エンタテインメント

⑫ 『バットマン vs スーパーマン ジャスティスの誕生』
ブルーレイ ¥2,381 +税／DVD ¥1,429 +税
ワーナー・ブラザース ホームエンターテイメント
©2016 Warner Bros. Ent. All Rights Reserved. TM & ©DC Comics.

⑬ 『マン・オブ・スティール』
ブルーレイ ¥2,381 +税／DVD ¥1,429 +税
ワーナー・ブラザース ホームエンターテイメント
©2013 Warner Bros. Ent. Inc. All Rights Reserved. MAN OF STEEL and all related characters and elements are trademarks of and ©DC Comics.

⑭ 『コラテラル・ダメージ』
ブルーレイ ¥2,381 +税／DVD 特別版 ¥1,429 +税
ワーナー・ブラザース ホームエンターテイメント
©2002 Warner Bros Entertainment Inc. All Rights Reserved

⑮ 『コラテラル』
Blu-ray：1,886円+税／DVD：1,429円+税　発売中
発売元：NBCユニバーサル・エンターテイメント

⑯ 『マトリックス』
ブルーレイ ¥2,381 +税／DVD 特別版 ¥1,429 +税
ワーナー・ブラザース ホームエンターテイメント
©1994 Village Roadshow Films (BVI) Limited.
©1994 Warner Bros. Entertainment Inc. All Rights Reserved.

⑰ 『ゴッドファーザー PART I ＜デジタル・リストア版＞』
Blu-ray：1,886円+税／DVD：1,429円+税　発売中
発売元：NBCユニバーサル・エンターテイメント

⑱ 『バック・トゥ・ザ・フューチャー』
Blu-ray：1,886円+税／DVD：1,429円+税　発売中
発売元：NBCユニバーサル・エンターテイメント

⑲ 『ロード・オブ・ザ・リング』
ブルーレイ ¥2,381 +税／DVD ¥1,429 +税
ワーナー・ブラザース ホームエンターテイメント
THE LORD OF THE RINGS: THE FELLOWSHIP OF THE RING and the Names of the Characters, Events and Places Therein Are Trademarks of the Saul Zaentz Company d/b/a Middle-earth Enterprises ("SZC") Under License to New Line Productions, Inc. The Lord of the Rings: The Fellowship of the Ring ©2001, 2012 New Line Productions, Inc. Package Design & Supplementary Material Compilation ©2014 New Line Productions, Inc. Distributed by Warner Home Video. All rights reserved.

⑳ 『十戒』
Blu-ray【2枚組】：1,886円+税／DVD スペシャル・コレクターズ・エディション：2,500円+税　発売中
発売元：NBCユニバーサル・エンターテイメント

㉑ 『羊たちの沈黙』
ブルーレイ発売中
20世紀フォックス ホーム エンターテイメント ジャパン

㉒ 『エイリアン 2』
ブルーレイ発売中
20世紀フォックス ホーム エンターテイメント ジャパン
©2012 Twentieth Century Fox Home

Entertainment LLC. All Rights Reserved.

㉓『アラバマ物語』
Blu-ray：1,886 円＋税／DVD：1,429 円＋税　発売中
発売元：NBC ユニバーサル・エンターテイメント

㉔『推定無罪』
ブルーレイ ¥2,381 ＋税／DVD ¥1,429 ＋税
ワーナー・ブラザース ホームエンターテイメント
©1990 Warner Bros. Entertainment, Inc. All rights reserved.

㉕『ダウト　偽りの代償』
©2009 BAR Doubt, LLC All rights reserved.
DVD 発売中
発売元：日活株式会社
販売元：株式会社ハピネット

㉖『スター・トレック R ディレクターズ・エディション 特別完全版』
DVD：4,700 円＋税
発売元：NBC ユニバーサル・エンターテイメント

㉗『ダークナイト』
ブルーレイ ¥2,381 ＋税／DVD ¥1,429 ＋税
ワーナー・ブラザース ホームエンターテイメント
©2014 Warner Bros. Entertainment lnc.

㉘『暗黒街の顔役』
発売元：アイ・ヴィー・シー
価格：DVD　¥1,800

㉙『スカーフェイス』
Blu-ray：1,886 円＋税／DVD：1,429 円＋税　発売元
発売元：NBC ユニバーサル・エンターテイメント

㉚『ハンニバル』
Blu-ray：1,886 円＋税／DVD：1,429 円＋税　発売元
発売元：NBC ユニバーサル・エンターテイメント

㉛『2001 年宇宙の旅』
ブルーレイ ¥2,381 ＋税／DVD ¥1,429 ＋税
ワーナー・ブラザース ホームエンターテイメント
©2008 Warner Bros. Entertainment Inc. All Rights Reserved.

㉜『スーサイド・スクワッド』
ブルーレイ ¥2,381 ＋税／DVD ¥1,429 ＋税
ワーナー・ブラザース ホームエンターテイメント
SUICIDE SQUAD and all related characters and elements are trademarks of and ©DC Comics.
©2016 Warner Bros. Entertainment Inc. and Ratpac-Dune Entertainment LLC. All rights reserved.

㉝『レオン　完全版』
価格：Blu-ray ¥2,500（税抜）
発売元：アスミック・エース株式会社
販売元：株式会社 KADOKAWA

㉞『スーパー戦隊 OfficialMook　20 世紀 1975　秘密戦隊ゴレンジャー 』
講談社（編集）
発行：講談社

㉟『科学忍者隊ガッチャマンアニメアーカイブス』
タツノコプロ（監修）
発行：小学館集英社プロダクション

㊱『大人のウルトラマン大図鑑』
マガジンハウス（編集）
発行：マガジンハウス

㊲『仮面ライダー 昭和 vol.1　仮面ライダー 1 号・2 号（前編）』
講談社（編集）
発行：講談社

㊳『画業 50 周年愛蔵版 デビルマン 1』
永井豪とダイナミックプロ（著 / 文）
発行：小学館

㊴『キューティーハニー The Origin』
永井 豪（著 / 文）
発行：小学館クリエイティブ

㊵『ふたりはプリキュア名言集　わたしたちはぜったい負けない』
講談社（編集）東映アニメーション（原著）
発行：講談社

㊶『鉄腕アトム 1 長編冒険漫画』
手塚 治虫（著）
発行：復刊ドットコム

㊷『サイボーグ 009 完結編 conclusion GOD'S WAR 1』
石ノ森 章太郎（漫画）小野寺 丈（原著）
早瀬 マサト（イラスト）石森プロ（イラスト）
発行：小学館

㊸『プロジェクトファイル Z ガンダム』
GA Graphic（著 / 文）
発行：SB クリエイティブ

㊹『トランスフォーマー』
4K ULTRA HD + Blu-ray セット：5,990 円＋税
発売元：NBC ユニバーサル・エンターテイメント

㊺『怪盗グルーのミニオン危機一発 』
Blu-ray：1,886 ＋税／DVD ¥1,429 ＋税　発売中
発売元：NBC ユニバーサル・エンターテイメント

㊻『M:i:III』
Blu-ray ¥1,886 ＋税 ／ DVD ¥1,429 ＋税　発売中
発売元：NBC ユニバーサル・エンターテイメント

㊼『オール・ザ・キングスメン』
発売中 Blu-ray 2,381 円（税別）／ DVD 1,410 円（税別）
発売元・販売元：ソニー・ピクチャーズ エンタテインメント

㊽『大統領の陰謀』
ブルーレイ ¥2,381 ＋税／DVD ¥1,429 ＋税
ワーナー・ブラザース ホームエンターテイメント
©1976/Renewed ©2004 Warner Bros. Entertainment Inc. and Wildwood Enterprises Inc. All rights reserved.

㊾『刑事コロンボ傑作選 別れのワイン / 野望の果て』
Blu-ray：1,886 円＋税／DVD：1,429 円＋税 発売中
発売元：NBC ユニバーサル・エンターテイメント

㊿『ジュラシック・パーク』
4K ULTRA HD + Blu-ray セット：5,990 円＋税 発売中
発売元：NBC ユニバーサル・エンターテイメント

51『アダムス・ファミリー 2』
DVD：1,429 円＋税　発売中
発売元：NBC ユニバーサル・エンターテイメント

52『サロゲート　ー危険な誘いー』
発売中 DVD 3,800 円（税別）
発売元・販売元：ソニー・ピクチャーズ エンタテインメント

㊳『セント・オブ・ウーマン』
Blu-ray：1,886 円＋税／DVD：1,429 円＋税 発売中
発売元：NBC ユニバーサル・エンターテイメント

㊴『昼下りの情事』
DVD 発売中
20 世紀フォックス ホーム エンターテイメント ジャパン

㊵『地中海殺人事件』
価格：Blu-ray ￥4,800（税抜）
発売元・販売元：株式会社 KADOKAWA

㊶『M:I-2』
Blu-ray ￥1,886 ＋税／DVD ￥1,429 ＋税 発売中
発売元：NBC ユニバーサル・エンターテイメント

㊷『ピーター・パン』
発売中 Blu-ray 2,381 円（税別）
発売元・販売元：ソニー・ピクチャーズ エンタテインメント

㊸『パワーパフ ガールズ　大切なお友だち編』
発売元　ニューセレクト株式会社
販売元　アルバトロス株式会社
TM ＆ ©Cartoon Network. (s18)

㊹『キック・アス ジャスティス・フォーエバー』
Blu-ray：1,886 円＋税／DVD：1,429 円＋税 発売中
発売元：NBC ユニバーサル・エンターテイメント

㊺『誘拐の掟』【おトク値！】
発売・販売元：ポニーキャニオン
価格：DVD ￥1,800（本体）＋税、Blu-ray ￥2,500（本体）＋税
©2014 TOMBSTONES MOVIE HOLDINGS, LLC. ALL RIGHTS RESERVED

㊻『リーサル・ウェポン２／炎の約束』
ブルーレイ ￥2,381 ＋税／DVD ￥1,429 ＋税
ワーナー・ブラザース ホームエンターテイメント

㊼『ゼロ・グラビティ』
ブルーレイ ￥2,381 ＋税／DVD ￥1,429 ＋税
ワーナー・ブラザース ホームエンターテイメント

㊽『ホーム・アローン』
ブルーレイ発売中
20 世紀フォックス ホーム エンターテイメント ジャパン

㊾『ダイ・ハード 3』
ブルーレイ発売中
20 世紀フォックス ホーム エンターテイメント ジャパン

㊿『名探偵ポワロ』
Blu-ray BOX1 発売中
価格　32,000 円＋税
発売・販売元　株式会社ハピネット
©1989-1991 Agatha Christie Limited. All rights reserved. A co-production of ITV Studios, Agatha Christie Limited and Carnival Films & Television Limited. The Agatha Christie Roundels Copyright ©2013 Agatha Christie Limited. Used by permission. All rights reserved. AGATHA CHRISTIE®, POIROT® and the Agatha Christie Signature are registered trade marks of Agatha Christie Limited in the UK and/or elsewhere. All rights reserved. Licensed by ITV Studios Global Entertainment. All rights reserved.

㊱『トロイ』
ブルーレイ ディレクターズ・カット ￥2,381 ＋税／DVD ￥1,429 ＋税
ワーナー・ブラザース ホームエンターテイメント
©2008 Warner Bros. Entertainment Inc. All rights reserved.

㊲『アルゴ探検隊の大冒険』
発売中 DVD 1,886 円（税別）
発売元・販売元：ソニー・ピクチャーズ エンタテインメント

㊳『タイタンの戦い』
ブルーレイ ￥2,381 ＋税／DVD ￥1,429 ＋税
ワーナー・ブラザース ホームエンターテイメント
Clash of the Titans 2010 Warner Bros. Entertainment Inc. and Legendary Pictures. Package Design & Supplementary Material Compilation 2010 Warner Bros. Entertainment Inc. Distributed by Warner Home Video, 4000 Warner Blvd., Burbank, CA 91522. All rights reserved.

㊴『タイタンの戦い』
ブルーレイ ￥2,381 ＋税
ワーナー・ブラザース ホームエンターテイメント
1981 Titan Productions.
2010 Warner Bros. Entertainment Inc. All rights reserved.

㊵『オデッセイ』
ブルーレイ発売中
20 世紀フォックス ホーム エンターテイメント ジャパン
©2016 Twentieth Century Fox Home Entertainment LLC. All Rights Reserved.

㊶『パーシー・ジャクソンとオリンポスの神々 』
ブルーレイ発売中
20 世紀フォックス ホーム エンターテイメント ジャパン
©2013 Twentieth Century Fox Home Entertainment LLC. All Rights Reserved.

㊷『パーシー・ジャクソンとオリンポスの神々：魔の海 』
ブルーレイ発売中
20 世紀フォックス ホーム エンターテイメント ジャパン
©2015 Twentieth Century Fox Home Entertainment LLC. All Rights Reserved.

㊸『ザ・ヘラクレス』
DVD ￥1,429 ＋税
ワーナー・ブラザース ホームエンターテイメント
2013 HERCULES PRODUCTIONS, INC. 提供：日活

㊹『ヘラクレス』
DVD：1,429 円＋税　発売中
発売元：NBC ユニバーサル・エンターテイメント

■あとがき

　あとがきを書くにあたって、本書を読み返しながら、学生時代のことを思い出しました。もうずいぶん昔のことになりますが、アメリカの大学に留学していた頃、教養科目の一つとして西洋美術史を学んだのですが、美術館に行って絵画を鑑賞し、聖母マリアが描かれている絵ともう一つ何か女性が描かれた絵を二つ選んでレポートを書くというような課題が出されました。西洋画のモチーフの多くは聖書やギリシア神話から来ていて、両方とも断片的な知識しかなかった私には、非常にハードルの高い課題で、どうしようかと美術館をウロウロとさまよった記憶があります。結局ぱっとしないレポートしか書けませんでしたが、そのときに、なぜ聖母マリアはいつも青と赤の服を着ているのかと疑問に思ったことは覚えています。今ならインターネットで検索すれば大抵のことは答えを見つけることができますが、当時はそんな魔法のような道具もなく、レポート作成期間内にそれらしい回答を探しあてることはできませんでした。ちなみに青と赤の意味ですが、青色は天からイメージされる神性(divinity)、赤色は血からイメージされる人間性(humanity)を示したシンボルであるという西洋絵画の基礎知識だったのです(諸説あり)。

　こんなふうにして私は背景知識の大切さと「教養」のおもしろさを痛感しました。知らないとそのまま通りすぎてしまうことでも、知っていれば興味も増しますし、考えを発展させる出発点になります。自分が身につけた背景知識のおかげで何かに気づくことができると、それがどんなにささやかなことであっても、ちょっとした感動を呼び起こすものです。そして、感動することは感性を豊かにし、ひいては人生を豊かにすると思います。「知れば知るほど、おもしろい」というのはよく言ったものです。逆に言うと、知らないことは損をしていることにもなります。

　また、人は何か共通の話題があるとより活発に会話を交わします。同じ映画を好きな者同士で会話が弾む、ということはよくあることです。映画も、アメコミも、ギリシャ・ローマ神話も、マザーグースも世界中で親しまれているトピックですから、知っていればきっと外国人との会話や交流の輪も広がることでしょう。

　本書では、映画(もしくはドラマ、小説、それから最近はゲーム)を鑑賞する際に、ちょっとでも知っていると楽しみが増える、見方に深みが増す、そんなトピックやモチーフを取り上げました。アメコミ映画に代表されるスーパーヒーローやその悪役たちが持つ共通点や、壮大なスケールで描かれるギリシャ・ローマ神話のドラマチックな神々と人間の関係、そしてマザーグースが紡ぐ音と奥深い世界といった背景知識と、そこにつながる英語表現を知れば、映画鑑賞でも英

語学習でも楽しみが倍増するはずです。

　もちろん、これまでにもアメリカのヒーローに関する学術的論考やギリシャ・ローマの神話や解説、そしてマザーグース研究の書籍は多数執筆されていますが、本書では、よりわかりやすく、親しみやすいように身近な映画を切り口にしつつ、英語学習にも結び付けているのが特徴です。また、ふんだんにカラー画像を取り入れて、イメージが伝わるような工夫をしました。版権の問題等で、なかなか自由に画像を取り入れられなかったものもありますが、編集部が著作権の問題のない切手を利用するという手法等で鮮やかに乗り切ってくれました。ですが、やはりそれだけでは足りない部分も多々あり、執筆者の一人である土屋佳雅里氏が膨大な時間をかけ、場面にあうイメージを鮮やかに描き起こしました。

　また、音声は直接聴くことはできませんが、映画のセリフを引用するなどして、できるだけ臨場感が感じられるように配慮しました。ギリシャ・ローマ神話の登場人物の名前の読み方には音声記号もつけてあるので、参考にしていただければと思います。サモトラケのニケが英語では「ナイキ」と発音されたり、ゼウスが「ズース」となったりするなど、英語でどう発音するのかはあまりよく知られていないと思いますが、今一度ぜひ確認してみてください。

　さらに Chapter 1「映画のヒーローと悪役」では「Reference」として様々な英語表現等の語源と解説、Chapter 2「マザーグース」では「Try it!」として会話で使える気の利いた英語表現を、そして Chapter 3「ギリシャ神話と映画」では「Conversation memo」として会話のネタになりそうなトリビアを取り上げました。各章それぞれの持ち味と多面性を楽しんでいただけたでしょうか。

　昨今の英語教育はどうしても単語や構文をいかに効率よく、たくさん覚えるかなどに焦点が当たってしまいますが、費用対効果を計算するような勉強方法だけでは、英語学習は長続きしないと思います。やはり知的好奇心を刺激し、おもしろい発見をすることが、もっと知りたい、勉強したいというやる気につながっていくのではないでしょうか。

　なお、本書は、くろしお出版の長友賢一郎氏の英語教育への熱い思い、そして労を惜しまぬ編集作業のおかげで実現したものです。この場を借りて心から厚くお礼を申し上げます。また、同じく岡野友佑氏、市川麻里子氏にも大変お世話になりました。深く感謝いたします。

　最後になりますが、本書を通して、読者の皆様の興味をかきたてる何かを提供できていましたら、筆者一同存外の喜びです。

2019 年 5 月　著者一同を代表して　小林めぐみ

■著者紹介

酒井 志延（さかい しえん）［Chapter 3 執筆］
千葉商科大学商経学部教授
桜の聖母短期大学助教授、千葉商科大学商経学部助教授を経て現職
著書に『英語教師の成長』(大修館書店 2015)、『世界と日本の小学校の英語教育』(明石書店 2015)、『行動志向の英語科教育の基礎と実践』（三修社 2017)、『ベーシックジーニアス英和辞典』（大修館書店 2017)、『社会人のための英語の世界ハンドブック』（大修館書店 2017)、『先生のための 小学校英語の知恵袋 ―現場の『？』に困らないために』（くろしお出版 2018)、他多数。

小林 めぐみ（こばやし めぐみ）［Chapter 1 執筆］
成蹊大学経済学部教授
ペンシルベニア大学にて言語学博士取得（社会言語学専攻）
世界諸言語（World Englishes）や社会言語学のトピックが映画などのメディアでどう捉えられているか、またそれを英語教育へどう応用できるかを中心に研究中。
著書に『*On Board for World Adventures*（続 DVD で学ぶ世界の文化と英語)』（金星堂 2015)、『社会人のための英語の世界ハンドブック』（大修館書店 2017)などがある。

鳥山 淳子（とりやま じゅんこ）［Chapter 2 執筆］
大阪府立旭高等学校英語科教諭
大阪外国語大学外国語学部イスパニア語学科卒業。メキシコのユカタン大学に約 10 ヶ月間国費留学。マザーグース学会会員。
著書に『映画の中のマザーグース』（スクリーンプレイ株式会社 1996)、『もっと知りたい マザーグース』（株式会社スクリーンプレイ 2002)、『社会人のための英語の世界ハンドブック』（大修館書店 2017)などがある。『父と母の昔話』（文藝春秋 1996)にエッセイ「引用の母、マザーグース」掲載。
ホームページ：「大好き！マザーグース」http://www2u.biglobe.ne.jp/~torisan/

土屋 佳雅里（つちや かがり）［Chapter 3 執筆］
東京都杉並区小学校英語教師、早稲田大学非常勤講師、上智大学短期大学部非常勤講師、中央大学非常勤講師、J-SHINE トレーナー。
著書に『小学校はじめてセット』（アルク 2009)、『教室英語ハンドブック』（研究社 2016)、『先生のための 小学校英語の知恵袋 ―現場の『？』に困らないために』（くろしお出版 2018)、『小学校教室英語ハンドブック』（光村図書 2019)などがある。

■ 英語校閲
Samuel Gildart（千葉商科大学商経学部専任講師）

■ 本文イラスト
吉留圭子（ポップアート企画），土屋佳雅里，泉山清佳

■ 図版・資料提供
『マザーグースイラストレーション事典』（柊風舎）
公益財団法人鶏鉾保存会
『リーダーズ英和辞典 第3版』（研究社）
株式会社アフロ

■ 写真・切手提供
酒井志延，長友賢一郎

■ 装丁デザイン
スズキアキヒロ

■ 装丁イラスト
土屋佳雅里

映画で学ぶ英語の世界
スーパーヒーロー・マザーグース・ギリシャ神話

2019年5月28日　第1刷 発行

［著者］	酒井志延・小林めぐみ・鳥山淳子・土屋佳雅里
［発行人］	岡野秀夫
［編集］［発行所］	くろしお出版
	〒102-0084　東京都千代田区二番町4-3
	Tel：03・6261・2867　Fax：03・6261・2879
	URL：http://www.9640.jp　Mail：kurosio@9640.jp
［印刷］	三秀舎

ⓒ 2019 Sakai Shien, Kobayashi Megumi, Toriyama Junko, Tsuchiya Kagari
ISBN 978-4-87424-791-4　C2082

乱丁・落丁はお取り替えいたします。本書の無断転載・複製・複写（コピー）・翻訳を禁じます。